united p.c.

Alle Rechte der Verbreitung, auch durch Film, Funk und Fernsehen, fotomechanische Wiedergabe, Tonträger, elektronische Datenträger und auszugsweisen Nachdruck, sind vorbehalten.

Für den Inhalt und die Korrektur zeichnet der Autor verantwortlich.

© 2019 united p. c. Verlag

Gedruckt in der Europäischen Union auf umweltfreundlichem, chlor- und säurefrei gebleichtem Papier.

www.united-pc.eu

WENDELIN TEICHMANN

GEDICHTE EINES WANDERERS II

DURCH RAUM UND ZEIT

(in der Natur/in Kulturlandschaften)

Überarbeitete zweite Fassung

(„Lebensernte" II)

Gedichte von 1978 bis 2012

Meinen Eltern zum Gedächtnis, die
Wandervögel waren

Aufbau des Buches

Erstes Buch: UNTERWEGS IN FERNEM LAND
1. In der Toscana
2. Im Davoser Land
3. Im Norden
4. Auf Föhr

Zweites Buch: AUF NEUEN WEGEN II – deutsch-japanische Jahreszeiten, in deutschen Haikus

1. Oberrheinlande
2. Skandinavien
3. Im Jahresgang

Inhaltsverzeichnis

Vorwort 12
Erstes Buch 14
Unterwegs in fernem Land 14
1. In der Toscana 15
   „Ob Brixen" 16
   Toscanischer Sommer 17
   Toscanische Nacht 18
   Bestätigung 19
   Toscana-Abendweg 21
   Toscanische Frühe 22
   San Gimignano 23
   Anderer Morgen 25
   Siena -Tag 26
   Abendbild (bei Pomarance) 28
   Morgenwanderung (bei Pomarance) 29
   Ungewohnt 30
   Szenenwechsel 31
   Volterra, nachts 32
   Toscana-Erfahrung 33
   Nachklang 34
2. Im Davoser Land (2007) 36
   Anfahrt durchs Rheintal 36
   Erste Gebirgsnacht 37
   Gebirgsmorgen ob Clavadel 38
   Wetterwechsel im Sertigtal 39
   Unterm Mond 40
   Ungewöhnlich 41
   Einen Tag vor Vollmond 42
   (im Sertigtal) 42
   Enzian 43
   Wolkenspiele 44
   Kirchners Welt (bei Davos) 46

Sertigtalweg, abwärts 47
Zeit des Regens... 50
Regenspiel 51
Sertigtalweg, aufwärts.................................. 52
Wasserspiel (Im Sertigtal) 53
Tagesausbruch.. 54
Überraschung.. 55
Der Halt (Auf dem Sertigtalweg)............... 56
Gebigsnachbarschaft.................................... 57
Alpenfrühe... 58
Der Wasserfall (des Sertigbachs)............. 59
Die Hütte 60
Alpenwirkung 62
Lichtwechsel (Bei Clavadel) 63
Erste Alpenfrühe.. 64
Kleinwelt am Berg (nahe Bodenhof) 65
Regennacht (Im Sertigtal)......................... 66
Maiwinter 67
Zur Nacht 68
Verregnet... 69
„Morgenstimmung" (im Sertigtal/Davos)
.... 70
Belehrt (Vor dem Sertig-Wasserfall bei Davos) 71
Alpennacht 72
Abschied von den Alpen 73
3. Im Norden 75
Auf Justoya/ Norwegen (Naturmeditation).. 75
Natur und Mensch (in *NW—Jütland*) 76
Morgen am See (Kagar/ *Nordbrandenburg)* 78
Abendliches Rudern (Bei Kagar)............. 79
Nachts (Bei Kagar)...................................... 80

„Am Schwarzen Busch" (Auf *Poel/ Mecklenburg*) 81
Erdenbürger 82
Fähranleger Gollwitz/ Poel 84
Im Münster zu *Bad Doberan* 86
Barlach, Schwebender Engel/*Güstrow* ... 88
Resümee 89
Abstecher nach *Eisenach* 90
„Stimmungen der See" (Im Siegfried-Lenz-Land) *Schwansen/ Angeln* 92
Gedichte I – XVII 92
4. Auf *Föhr* 101
Nordfriesicher Herbstmorgen 101
Föhrer Mondnacht 102
Amphibisches Land 104
Herbstabend auf Föhr 105
Inselmorgen 106
Am Meer (im Strandkorb, der Brandung lauschend) 107
Küstenszene (an der SW-Seite Föhrs) . 108
Nachtgewitter 109
Meine Philosophie (auf dem Deich gesprochen) 110
Tidenwechsel 111
Zweites Buch AUF NEUEN WEGEN II
Japanisch-deutsche Jahreszeiten, in deutschen Haikus 112
Oberrheinlande 113
(1978) 113
Heidelberg (nach Rottmann) 113
2. Skandinavien (1979) 124
3. Im Jahresgang (1979 – 1982) 145
Janusbuche 145
Verschneiter Rain 145

Dorf im Schnee 145
Wintermorgen 146
Winterliche Topographie 146
Winterparade 146
Für Caspar David 147
Windbruch 147
Wintermond 147
Hochzeitlicher Februar 147
Sternenlied 148
Ersatz 148
Neuschnee im März 148
Im Sauerland 148
Am Edersee 149
Steinwand/ Rhön 149
Berlepsch 150
Heroische Landschaft (vor dem Harz/
Untereichsfeld) 150
Spiegeleien 152
Abendhimmel 152
Märzbuchen 153
Buschwindröschen 153
Am Göttinger Wald 153
Zwiesel 153
Kastanienbotschaft 154
Im Märzwald 154
Bergjahreszeiten 154
Abendliche Komposition 155
Am Fischteich 155
Befürchtung 156
Vorspiel 156
Aufbruch 156
Am Waldrand 156
Frühlingsaue 157
Kastanienfrühling 157

Espenfrühling	158
Großer Kastanienbaum	158
Lichtspiel	158
Verwachsener Baum	159
Maiwunder	159
In linder Luft	159
Maigewitter	159
Hohlweg	159
Maibuche	160
Nach dem Regen	160
Kaltfront	160
Kalter Juni	160
Sommerwolken	161
Wolkendrama	162
Teilregenbogen	162
Sommertag	162
Heißer Tag	162
Tropisch	162
Die Gleichen	163
Schöner Sommertag	163
Am See	163
Orpheisch	164
Auf der Lichtung	164
Knabenkraut	165
Farbwunder	165
Schicksal	165
Die Lippberge	166
Blick vom Hengstberg	166
Überhälter	166
Nachsommerlicher Harzblick	167
Übergang	167
Schichtung	167
Mondaufgang	167
Parkherbst	168

Milder September 168
Parkweiher 168
Kastanienherbst 169
Am Fenster 169
Letzter Oktober 169
In der Novembersonne 169
Nach frühem Frost 169
Überdauernd 170
Geschaut 170
Angaben zum Autor 171

Vorwort

Wäre ich Maler, würde man mich wahrscheinlich einen Landschafter nennen. Wanderungen, im Rahmen der Familie, sind meine frühesten Erinnerungen, und seit meiner Jugend bin ich stets in die Natur hinausgegangen, in die mich jeweils umgebende Landschaft, als Erlebnis- und Laufraum. Dabei war mir die Naturwelt zugleich Konkretum und Symbol, und beide belehrten mich.

Ich gestaltete meine „Sensationen" zunächst für mich, dann auch für mir nahestehende Menschen. Aber Kunstwerke, auch die der Sprachkunst, lösen sich von ihrem Anlass, können allgemeingültig werden, und so gebe ich endlich dem Drängen von Freunden nach und wage die Veröffentlichung. Lange hat mich das Verdikt Th. W. Adornos gegen Lyrik nach Hiroshima daran gehindert. Heute sage ich: Auch dort singt das Rotkehlchen.

Der vorliegende Band, die „Gedichte eines Wanderers II – Durch Raum und Zeit", bildet als „Lebensernte II" den mittleren Teil meiner umfassenden Textsammlung. Davon gehören die „Deutschen Haikus" in der Tat in meine Lebensmitte, und sie gehen neue

Wege. Im neuen Jahrhundert und Jahrtausend dagegen bin ich mit „In fernem Land" zu früheren Formen zurückgekehrt, die im Amerikanischen ganz wertfrei „traditional" heißen. Beide Teile gestalten die Begegnung mit der Landschaft und Kulturlandschaft als Erlebnis eines jeweiligen Gegenübers in „Raum und Zeit".

Nun wünsche ich mir Leser, die meine „Begegnungen" nachvollziehen können.

Landolfshausen, den 12.01.2013
Göttingen, den 16.06.2019

Erstes Buch

Unterwegs in fernem Land

1. In der Toscana

(2005)

**Identisches
(Vorschau)**

Soviel Schönheit in der Landschaft
muss auch in der Seele sein,
was das Auge in sich birgt,
schaut sie in die Welt hinein.

Urbild wurde das geheißen
als der Quell für alle Ding,
zeugend aus dem ersten Sein
in der Welten weiten Ring.

So ist jedes tief verwurzelt,
trägt in sich, was immer draußen,
und da darf der Weise sprechen:
„und was innen ist, ist außen."

Brixen, 22.6.05

„Ob Brixen"

Bäume, Häuser, nahe Hänge
liegen noch im Schattental,
als durch eine Gipfelscharte
fächert sich der frühe Strahl.

Immer weiter wird der Fächer,
leuchtet dunstig breite Bahn,
klärt die ersten Berggestalten,
zieht den Grund zu sich heran.

Und die höchsten Gipfel sägen
ihre Form ins Morgengrau,
stehen über allem Wandel
an den Hängen, in der Au´.

22.6.05

Toscanischer Sommer

Hügel in den Hügelhängen,
seltsame Gestalt,
wo Zypressen ernst sich drängen,
suchen festen Halt.

Pinienschirme Schatten spenden,
heiß liegt sonst das Land,
Sonne kann die Welt nur blenden
aus dem Himmelsbrand.

Eine Stimme hat die Weite
durch den Sprosser und Pirol,
aus des Ölbaums Kronenbreite
klingt der Tauber hohl.

Düfte ziehn vom Oleander,
von Lavendel, Rosmarie –
alles fließt so ineinander
zu toscanischer Macchie.

Pommarance, 23.6.05

Toscanische Nacht

Eule ruft und Unke stöhnt,
lauwarm blüht die Nacht,
Sommermond die Wolke tönt,
steigt herauf mit Macht.

Silberdunkel liegt der Grund,
Berge dämmern blau,
erste Sterne tun sich kund
aus der Überschau.

Eine letzte Nachtigall
singt in ihrem Strauch,
Glühwurmleuchten überall
wie ein Geisterhauch.

Pinien- und Zypressenwuchs
ragen schwarz hervor,
Eichendorff erscheint mir flugs,
 singt sein Lied mir vor.

23.6.05

Bestätigung

Schwester, „in Toskana schwelgen",
das hast Du mir prophezeit,
eilte hin mit schnellen Felgen,
und nun bin ich wohl bereit,

sitze hier mit guten Freunden,
trinke einen roten Wein,
Freude soll das Mahl bereiten
und die Rede uns befrein.

Doch die allergrößte Freude
bietet an sich dem Gesicht –
eine wahre Augenweide
ist das Land in seinem Licht.

Hügel dehnen sich entgegen
ihm, das größte Helle hat,
Bäume, Lanzen an den Wegen,
Berge krönt das Dorf, die Stadt.

„An der Heide", in den Mulden,
ziehn Gebüsche sich entlang,
kahle Flächen sonst erdulden
Trockenheit am weiten Hang.

Wo am Haus sich Wasser findet,
leuchtet größte Blumenpracht,
Zedern, Pinien, tief gegründet,
ragen ernst bei Tag und Nacht.

Aus den Hainen, aus den Büschen
strömt ein stimmenreicher Klang,
wo sich Melodien mischen –
Sprosserlied, Pirolgesang.

Und Volterra auf der Höhe
wartet mit der Pracht aus Stein:
schwelgen lässt mich, was ich sehe,
Kunst, Natur – ein lichtes Sein.

24./25.6.05

Toscana-Abendweg

Grillen zirpen, Unken läuten,
letzte Hitze sinkt ins Tal,
wo sich Berge hoch andeuten,
schwebt, bestrahlt, der goldne Gral,

eine Burg in blauen Dünsten,
wie ein heiliges Fanal;
Leuchtkäfer mit ihren Künsten
schweben massenhaft an Zahl.

Auf der Höhe, meinem Ziele,
stehen Bäume, Häuser dicht;
auch der hohe Campanile
strahlt in einem guten Licht.

Und die Sterne, die jetzt steigen,
leuchten schon mit großer Kraft,
Jupiter führt an den Reigen,
nimmt Capell, Arctur in Haft.

Und so müssen mit sie wirken
an dem Glück in diesem Land,
aus geheiligten Bezirken
lenkt sie eine hohe Hand.

25./26.6.05

Toscanische Frühe

Hügel in dem Frühschein schwellen,
heben, senken sich in Wellen
senden Stränge seitlich fort;
vielgestaltig ist der Ort.

Hinterm höchsten Hügelkamme
Sonne wartet noch als Flamme;
Nebel, um die Höhn gebahnt,
ihr Erleuchten schon erahnt.

Dann, in langen schmalen Streifen
Strahlen in die Talung greifen;
Kuppen stehen, exponiert,
licht- und schattenmodelliert.

Auf des nahen Kammes Linie
reihn Zypressen sich und Pinie,
ziehn sich fern durch die Natur,
dieses Landes Signatur.

Über allem nur ein Gipfel
ragt noch blau, als Doppelzipfel,
ernst und still für sich allein,
soll des Landes Hüter sein.

26.6.05

San Gimignano

Gimignano, Stadt der Türme,
die von ferne schon zu sehn,
Mal der Urgeschlechter-Stürme,
die in alter Zeit geschehn.

Steile Gassen führn zum Platze
vor dem Dome - eine Pratze
seine Treppe, hoch und breit,
die nach der Besetzung schreit.

Alte, Junge, bunt und prächtig,
sitzen munter, auch bedächtig,
auf dem grauesten Gestuf;
hell schrillt Mauerseglerruf.

Rathausturm von größter Höhe
wachte über Wohl und Wehe;
heut besteigbar ohne Kampf,
aber nur mit Muskelkrampf.

Kunstgedrängtheit findet nah
sich in der Basilika,
Selbstbesinnung ist kein Ziel,
und zuviel ist, was zuviel.

Kommt man zu der Außenmauer,
zeigt die Stadt sich schon genauer:
Wo sie zu dem Abgrund strebt,
Volk noch schlicht und einfach lebt.

Doch die lautesten Touristen
gerne sich im Centro brüsten,
überquellen diese Stadt,
die ein eignes Recht doch hat.
Da ich dieses alles hell sah,
flüchte ich nach Casole Val d´ Elsa
und find´ noch am Tage spät
toscanische Mentalität.

28.6.05

Anderer Morgen

Was so lange klar gelegen,
will nun nicht gesehen sein,
Tal und Berge allerwegen
hüllen sich in Nebel ein.

Himmel drüber ist gezogen
hell im frühen Morgenschein,
auf der Erde ziehen, wogen
Schwaden in das Licht hinein.

Eh´ die Sonne aufgegangen,
werden erste Höhen licht,
Zedern, Pinien, grau umfangen,
zeigen mählich ihr Gesicht.

28.6.05

Siena -Tag

Heißer Tag – und nach Siena.
Auf drei Hügeln liegt die Stadt,
ohne Büsche , ohne Bäume,
Schatten nur in Gassen hat.

Menschenmassen allerorten,
von Palazzi eingeengt,
streben hin zum Platz „del Campo",
schon von andern vollgedrängt.

Welch ein Wunder – an dem Platze
 die Palazzi und der Turm,
wohlgefügt zu einem Schatze
wie in einem Geistessturm.

Doch nun gilt ein ander Stürmen,
wie die Väter schon getan,
Reiter, wohlerprobt und hürnen,
stehn zu einem Wettkampf an.

Volksversammlung und Gedränge
treiben uns vom Platze fort,
durch der dunklen Gassen Enge
zieht´s uns zu der Künste Ort.

Wunderbare Fresken leuchten
uns im Dom, im Baptisterium,
ihre reichen Bilder deuchten
uns ein seliges Mysterium.

Auch die Schule der Cäcilia
reiht in diesen Chor sich ein,
ganz geweiht der Musica,
will zugleich gesehen sein.

Uns erschließt sich ein Gebilde,
das bezeugt ein höhres Sein,
eine Stadt, erhaben, milde –
eine Mauer schließt es ein.

30.6.05

Abendbild
(bei Pomarance)

Auf dem Kamm der Hügelkette
schwingt der Weg sich wunderbar,
aufgereiht stehn - Pilz, Lanzette -
Toskas Bäume ernst und klar.

Vieles Grün und Beige – die Farben,
die bisher am Hang zu sehn,
nach des Abends Feuergarben
blaue Dünste ihn umwehn.

Ernster noch die Höhenzüge,
tief gestaffelt aufgebaut,
dunkle Waldung zur Genüge,
hoch vom Himmel überblaut.

Stille hat sich ausgebreitet,
nur Zikaden sind zu hörn -
in der Dämmrung ausgebreitet,
lässt der Friede sich nicht störn.

1.7.05

**Morgenwanderung
(bei Pomarance)**

Bin erst in den Grund gestiegen
nach dem ersten Tagesstrahl,
sah im Dunst die Talung liegen,
ohne Licht ein Dämmermal.

Einzel-Eiche ist im Schatten,
Gerstenfeld und Felsensporn,
nebelfeuchte karge Matten
und der steilen Kuppe Horn.

Dichte Kräuter, Brombeerranken
ragen hoch auf meinem Weg,
lassen mich nur etwas wanken,
und ich reiß´ mich am Geheg.

Aber allgemeine Helle
bündelt sich zu einem Strahl,
überwindet höchste Stelle –
Sonne grüßt ein zweites Mal.

Hab´ die Höhe nun erklommem:
Licht und Dunst und Dunst und Licht
hat die Landschaft überkommen –
malt Toscanas Angesicht.

2.7.05

Ungewohnt

Wolken sind nun aufgekommen,
unbeleuchtet liegt die Welt,
Schatten sind dem Land genommen,
jedes ist auf sich gestellt.

Morgengraun auf allen Dingen,
nur in Ost ein heller Streif,
Vogellied will kaum gelingen,
Gerste steht noch, überreif.

Pinien, Zedern und die Eichen
ragen stil, in sich gekehrt,
Berge in den Dunst entweichen,
 der sich nebelnd noch vermehrt.

Tagwelt will sich noch nicht regen,
alles hält den Atem an,
 weiß noch nicht, auf welchen Wegen
es sein Tun bestehen kann.

5.7.05

Szenenwechsel

Anders wird das Land beleuchtet
nun am milden Abend spät,
was der Nebel früh befeuchtet,
jetzt in goldnem Lichte steht.

Was am Morgen noch im Schatten,
ragt in Lichtflut ganz hinein,
grüne Wälder, gelbe Matten
leuchten auf im Abendschein.

Kuppen, Höfe, Pinienhaine,
auf der andern Seite hell,
 gleichgetönt nun im Vereine –
die Toscana in Pastell.

5.7.05

Volterra, nachts

Abendfahrt noch nach Volterra,
großes Glühen und Capella;
auf die Höhe hochgeschraubt,
liegt´s lebendig, unverstaubt.

Gelbes Licht von den Laternen
unter sommerlichen Sternen,
fröhliche Touristenschar,
italienisiert ganz klar.

Vor dem Tor, der Musen Mater,
römisches Amphitheater;
in der Stadt sehr viel Palazzi,
ernst umstehend die Piazzi.

Steile Straßen, enge Gassen,
sich mit andern treiben lassen,
in den Läden, ausgelegt,
Alabasterkunst bewegt.

In dem Dunkel an der Mauer
packen uns Historienschauer,
Etrusker, Römer stehen auf,
alter Zeiten Kämpferhauf´.

Wir enteilen wieder schneller,
beim Cáfe wird´s deutlich heller;
italienisch Eis und Natural
lichten unsern Geistesstrahl.

5.7.05

Toscana-Erfahrung

Wenn die Finsternisse weichen,
Strahlen schon das Tal erreichen,
Felsenbuckel an den Hängen,
Pinien in das Licht sich drängen,

 wenn Zypressen auf sich reihen,
in der Sonne zu gedeihen,
zeigt das Land die hohe Macht,
die es hat hervorgebracht.

Jede Form kommt aus Bewegung
einer Kraft, die in Erregung,
Elemente, die stark walten,
zeugen herrliche Gestalten,

was in ihnen ist gewesen,
lässt sich aus der Schöpfung lesen,
und in täglicher Geburt
Sein sich in Erscheinung spurt.

Die Toscana, „herrliches Gebreite",
zeigt der Erde schöne Seite,
was die Menschen hier erschauten,
formten sie in großen Bauten

und bezwangen die Dämonen,
die in Dunkelheiten wohnen,
dass sich Geist mit der Natur verband –
mein gesegnetes Toscanaland.

 7.7.05

Nachklang

Ach, Toscanien ist so weit,
lernte heiß es lieben,
still zu stehn schien dort die Zeit –
was ist mir geblieben?

Was dem Auge sich gezeigt,
hat es aufgenommen,
viele Bilder, weit verzweigt,
dauernd so gewonnen:

Hügel, Kuppen bauen sich
 auf um größre Höhen
immer schöner; königlich
Sonnenwinde wehen.

Dort, wo Wasser noch gewährt,
Busch und Baum gedeihen,
Zedern, Pinien, hoch verehrt,
auch Zypressenreihen.

Stadtgekrönt so mancher Berg,
einst das Volk zu schützen,
fast Natur das Menschenwerk,
das noch heut zu nützen.

Und das weite Land erfüllt
von der Welt der Töne,
Nachtigall, Pirol verhüllt
von der Morgenschöne,

da es liegt noch jungfrauhaft
in den lichten Dünsten,
nachgeschaffen voller Kraft
gleichsam alten Künsten.

Proportionen, klare Sicht,
wie wir oft sie schauten,
finden sich im Geisteslicht
vieler edler Bauten.

Kunstwerk, Menschen und Natur
sich zusammenschließen –
endlos kann auf dieser Spur
Nachklang ich genießen.

10.7.05

2. Im Davoser Land

(2007)

Anfahrt durchs Rheintal

Aus dem Wolken-Licht-Gemisch
tauchen erste Berggestalten
aus dem Dunst, ganz leicht und frisch,
vorm Entschweben kaum zu halten.

Schnee und Firne leuchten weiß,
Felsen formen lichte Schatten,
Bergfuß glüht fast frühlingsheiß,
 grün changieren alle Matten.

Auf der Fahrt Gebirge nahen,
jeder Blick macht sie konkret –
 Wandlungen, die einst geschahen,
wirken immer noch und stet.

28.4.07

Erste Gebirgsnacht

Wasser rauschen in die Tiefe,
kühle Stimmen dunkler Nacht,
monoton die Lüfte füllen,
von der Finsternis bewacht.

Wolken wachsen um die Wette
und in mancher Ungestalt
um der Gipfel Silhouette,
löschen sie mit Nachtgewalt.

Winde fallen aus der Höhe,
reißen fern den Himmel auf,
Venus und Capella glänzen,
gießen ihre Strahlen aus.

28./29.4.07

Gebirgsmorgen ob Clavadel

Das Tal liegt hell, doch ohne Strahlen,
die Sonne hinterm Berg noch steht,
die Wolken drehn sich in Spiralen
um Gipfel, kühn vom Wind verweht.

Bergzinnen, Grate, raue Schründe
umflort das erste Morgenlicht,
doch Schatten füllen Nachbargründe,
vernebelt scheint das Berggesicht.

Das Licht sinkt zu den Bergesflanken
die Wolkenschleier gehn verlorn,
die letzten Schattenbilder wanken –
im Licht steht ganz das Mittaghorn.

29.4.07

Wetterwechsel im Sertigtal

Als die Nacht schon lang verblichen,
Helle auf den Hängen lag
und die letzten Wolken wichen,
herrschte reiner Sonnentag.

Bergwind fuhr frisch in die Talung,
Hitzestau ließ er nicht zu,
Talwind stieg nach langer Strahlung,
Fichtenwald fand keine Ruh.

Mittags Wolken weiß sich ballten,
machten langsam ihre Fahrt,
 mussten sich an Gipfeln spalten,
formten einen Schleierbart.

Eine breite dunkle Wolke
zog von Süden spät heran,
hatte Regen im Gefolge,
Blitz und Donner im Gespann.

Grau liegt nun das Tal verhangen,
Dämmerung bricht früh herein –
Regen war des Lands Verlangen
und wird ihm zugute sein.

29.4.07

Unterm Mond

Mondgebleichte Alpenhöhen
reihen sich zu einer Front,
Nebengipfel, Buckel schwinden –
eingeschmolzner Horizont.

Nur in schneebedeckten Mulden
glimmt noch ein zu fahler Glanz,
 an dem blassen Sternenhimmel
zeigt der blanke Mond sich ganz.

Ruhevolle Nachtkulisse,
keine Stimme ist mehr wach;
in des Tales Dunkelgrunde
rauscht und rauscht der Sertigbach.

30.4.07

Ungewöhnlich

Regen schräg ins Tal verweht,
quer zu Sonnenstrahlen,
Wolke nicht vorübergeht,
muss Tribut noch zahlen.

Lange dauert das Gestrich,
Regenfall nicht endet,
jeder Tropfen flieht für sich,
schnell zu Tal gesendet.

Licht und Wasser zeugen heut
 keinen Regenbogen –
hinterm Stadel ragt des Bergs
Steilhang hochgezogen.

1.5.07

Einen Tag vor Vollmond
(im Sertigtal)

Klarmond ist heut nicht gedämpft,
keine Wolke ihn bekämpft,
was nachts kaum zu ahnen war,
steht nun ausgeleuchtet klar.

Die Davoser Gipfelhöhen
sind im Norden scharf zu sehen,
weißlich blau getönte Bänder
überziehen Felsgeländer.

Dunkel droht der Äbiwald,
bietet keinem Mondstrahl Halt,
lichtlos ragen aus dem Tale
seine Buckelfelsenmale.

Doch im Süden stehn im Hellen
Mittaghornes Berggesellen,
Hoher Ducan, Pattenflue –
schneeverhängte Mondesruhe.

1.5.09

Enzian

Tief geduckt in karge Heide,
Enzian in den Maitag lugt,
sich auf steiler Alpenweide
über grüne Blättchen bugt.

Fünfgezackt der Röhrentunnel
sich ins Mailichtblau erhebt,
Herberge für manche Hummel,
er den Frühlingshang belebt.

Zahlreich seine Artgenossen,
tiefgestimmtes Himmelsblau,
dunklem Erdreich erst entsprossen,
zieren sie der Berge Bau.

2.5.09

Wolkenspiele

Eine Wetterfront zieht ab
mit der letzten Regenschleppe,
feuchtet an das Weideland,
schon so dürr wie eine Steppe.

Über Ducans Felsenkamm
wälzen Wolken sich aufs Neue,
rücken aber nicht heran –
es regiert des Himmels Bläue.

Wolkenfetzen wirbeln hoch,
bleiben an dem Gipfel hängen,
schlingen sich um ihn herum,
bis sie andere verdrängen.

Eben noch wie festgemacht
an des Berges Felsenecke,
wandern sie nach Norden ab,
bilden eine neue Decke.

Aufgerissen abermals,
weißgrau sie vereinzelt gleiten
und den Kamm des Äbiwalds,
höher steigend, überschreiten.

Lag in Sonne grad das Tal,
überzieht es jetzt ein Schatten,
bildet dort sein Urbild ab
auf den Hängen und den Matten.

Sonne schwindet hintern Berg,
fahles Licht bringt erste Kühle,
eisgrauwächst ein Cumulus –
Schluss der Wolkenspiele.

3.5.07

**Kirchners Welt
(bei Davos)**

Ludwig Kirchner – deine Farben
suchte ich im ganzen Land,
wollten nirgend mir begegnen,
keine wirklich wiederfand.

Deine Wege gehe, sehe
ich nach deinem Katalog
von der Ferne, aus der Nähe,
auf und ab mein Auge flog.

Doch wenn ich die Augen schließe,
wieder mich erinnern will,
dann erblühen deine Farben
herrlich leuchtend, stark und still.

Innerlich erneut durchschritten,
spür die Welt ich wehbewusst,
und ich weiß, was du durchlitten
in der Zeiten Schmerz und Lust.

4.5.07

Sertigtalweg, abwärts

In Sertig-Dörfli ausgestiegen
aus dem frühen Linienbus,
meine Blicke um mich fliegen –
Bergwelt-Umschau ist ein Muss.

Südwärts ist das Tal verschlossen,
Bergmassive aufgetürmt,
wie vom Abgrund aufgeschossen,
die kein Wanderer erstürmt.

Zeigt die Karte dennoch Wege,
rät sie aber mir nicht zu,
weist auf Steilheit, schmalste Stege
über mir am Plattenflu.

Nordwärts darum ich mich wende,
 nach Davos geht nun mein Blick,
Clavadel schon bald beende
meinen Weg nach Wandrerglück.

Kahle Felsen, Schotterflächen
fesseln nicht an diesen Ort,
nicht der Wirt nur und die Gäste,
auch der Pfarrer selbst ist fort.

Wegweiser nach Sand verbunden,
keine Seele hier zu sehn,
will ich diesen Ort verlassen,
werde endlich talwärts gehn.

Karge Wiese folgt und Heide,
such´ den Weg nach dem Gefühl,
dann empfangen mich die Forsten,
Berg im Schatten und noch kühl.

Felsenblöcke, von den Wassern
ausgemeißelt und bewegt,
überspült von manchem Rinnsal,
dem er in den Weg gelegt.

Und ein Rieseln und ein Rauschen
hohen Fichtenwald erfüllt,
Nebel stäuben um die Steine,
Sicht zum Tale ist verhüllt.

In die Hänge eingeschnitten,
zieht der Weg sich Hang um Hang
um die Vorsprünge der Berge
ob dem Sertigbach entlang.

Felsgesteine mir verraten,
wie sie einst geworden sind,
bin für Gneis, Granit und Glimmer
seit der Jugendzeit nicht blind.

Aber meine größte Freude
sind die *Augen der Natur,*
Alpenblumen auf der Weide,
Sonnenlichtes Jahresspur.

Himmelschlüssel, Alpenglöckchen
und der blaue Enzian
ragen aus der kargen Erde,
weiter unten Löwenzahn.

Veilchen zeigen sich in Massen,
Steinbrech, kleiner Taubenkropf,
Küchenschelle steht alleine,
violetter Silberkopf.

Nun senkt sich mein Weg zum Ziele,
„Ob dr Egga" steht mein Haus,
muss noch eine Steigung nehmen,
mache mir doch nichts daraus.

Heute hab ich viel gesehen, alles
nahm ich in mich auf, Wanderer
durch viele Höhen, steige bald
den Weg hinauf.

4.5.07

Zeit des Regens

Den halben Tag heut gab es Regen,
und voll von ihm das ganze Tal,
und dennoch stieg ihm bald entgegen
der Feuchtigkeiten Überzahl.

In leichten Schleiern zog die Nässe
nach oben an dem Äbihang,
verdichtete des Himmels Blässe
auf ihrem Hin- und Widergang.

Und als der Regen doch geendet,
bevor ertrank das Tal, der Wald,
die Schleier hatten sich gewendet,
zu grauer Wolke groß geballt.

4.5.07

Regenspiel

Transparente graue Schleier
ziehn den Äbihang hinan,
Regen fällt den ganzen Tag schon,
keiner hält den Zustrom an.

In dem Talgrund bei Clavendel
sammelt sich die nasse Flut,
aufzustäuben sich zu Nebeln
ist die große Menge gut.

Formend sich zu Dunstgeschwadern,
lassen sie dem Talwind sich,
und sie fließen aufwärts, aufwärts,
lassen alles unter sich.

Doch sie finden eine Grenze,
wo die Nässe hängt zuhauf,
können nicht mehr weitersteigen,
Wolkendecke nimmt sie auf.

5.5.07

Sertigtalweg, aufwärts

Wie hat der Regen sich festgesetzt,
die Fichten miteinander vernetzt,
als dünner Schleier in den Zweigen
                                  hängt,
mit seiner Feuchte die Luft verengt.
In steilem Anstieg ging es hinan,
nun schlängelt der Weg durch düsteren
                                  Tann,
an den Nadeln hängen nur kleine
Tropfen, die heute nicht an den Boden
                                  klopfen,
es nebelt im Tobel und in der Schluft,
kein Vogelton erschüttert die Luft.
Doch wenn sich der Blick in der
                              Lichtung erhebt,
ein treibender Nebel zu den Höhen hin
                                  schwebt,
von den vielen Gipfeln sind keine zu
                                  sehn –
es zeigt sich auch so die Alpenwelt
                                  schön.

6.5.07

**Wasserspiel
(Im Sertigtal)**

Wasser – bade meine Seele,
wie du lauter rinnst,
zwischen Kieseln und Geröllen
deine Wege spinnst,
strudelst über Felsenblöcke,
Quarze weiß, Granite grau,
sprudelst bis zur Felsenecke,
in den Wasserstau,
wo du dich erst willst besinnen,
ob du weiterquillst,
und den Drang, neu zu beginnen,
mit Verweilen stillst,
sendest deine Morgenkühle
zu den Fichten auf
und bereitest das Gewühle
für den Tageslauf,
stürzest dich drauf in die Tiefe,
die schon deiner harrt,
und entrinnst der Nebeltriefe,
jetzt dem Licht gepaart,
trittst aus letzten Bergesschluchten
in die Talung ein,
mäandrierst in Wiesenbuchten,
mündest endlich ein
in des größern Flusses Fluten:
Durfte ich dich so erblicken,
ist es mir auch zuzumuten –
mich in mein Geschick zu schicken.

6.5.07

Tagesausbruch

Tiejer Flue aus dem Grau sich streckt,
das das ganze Tal verdeckt,
selber noch in Dunst befangen
und mit Neuschnee ganz behangen;
über ihr, in gleichem Bogen,
ist ein Wolkenberg gezogen,
rasend wächst sein Nebelzipfel,
formt sich wie ein Alpengipfel,
quillt mit heftiger Gewalt,
immer ändernd die Gestalt,
bis die ersten Feuergarben
tauchen ihn in Messingfarben –
so ist nun der Tag verkündet,
der der Bergwelt sich verbündet.

7.5.07

Überraschung

Es bleibt kein Tag ganz ohne Sonne.
Die Wolken gingen heute schwer
und ließen keine Lücke mehr,
den hellen Schein zu fluten;
sie zogen um die Gipfel dicht
und hinderten so alles Licht,
die Erde zu erreichen;
da gab es einen Wolkenriss
wie von einem Böenbiss
auf der Tiejer Flue Warte –
ein Strahl fiel durch die tiefe Scharte
im Felsen, wandernd griff er aus
und leuchtete das Tal ganz aus.

7.5.07

Der Halt
(Auf dem Sertigtalweg)

Wurzelwerk der alten Fichte,
krakenartig, baumstammstark,
klammert sich um ältren Felsen,
hält ihn für des Lebens Mark;
 der ist aus dem Berg gewachsen
und verwittert nur am Rand,
Nahrung reicht er kleinen Wurzeln
und er gibt dem Stamme Stand;
darum darf sie sich erheben,
wurzelnd tief in festem Grund,
immer mehr zum Lichte streben
in der andern Fichten Rund.
So verleiht das Leben Dauer:
In die Tiefe eingefügt,
macht es jeden zum Erbauer
seines Seins, das sich genügt.

8.5.07

Gebigsnachbarschaft

Nachbartal der Dischma,
 breite Aue, weite Sicht,
Gipfelreihe bis zum Schwarzhorn
hebt sich in das klarste Licht;
der Scalettagletscher,
steiler Talschlussrand,
leuchtet in der Ferne,
eine weiße Wand;
doch an meinem Wege
Almen ganz im Saft,
viele Alpenblumen
weisen deren Kraft,
wieder herrscht der Enzian
vor mit starkem Blau,
Himmelschlüssel-Widerpart
an dem Rand der Au;
von den Hängen strömen
schmale Bäche her,
sammeln sich im Dischma-Bach,
Steine lagern in ihm schwer,
und so rieseln, rinnen, gurgeln
viele Wasser luftvermischt,
strudeln über Felsenblöcke,
 dass es an den Kanten zischt.
Weiter will ich aufwärts wandern,
doch das wird mir arg verwehrt,
da mir eine Schneelawine
gleich den ganzen Weg versperrt.

9./10.5.0

Alpenfrühe

Es ist schon hell weit vor der Sonne,
wie unter Folie liegt die Welt,
die allererste Morgenfrühe
das Tal noch unter Dünsten hält.

Die Gipfel stehen klar gezeichnet,
selbst strahlend einen blauen Schein,
sie ragen überm Schlaf des Lebens
in eine lichtre Welt hinein.

Nicht ist der Täler Ton zu hören,
noch ruht der rege Menschentag –
im Bergwald vielfach zu vernehmen
ist hallend nur der Drosselschlag.

10.5.07

**Der Wasserfall
(des Sertigbachs)**

Durch des Hochtals letzte Kerbe
drängt ein starker Wasserstrahl,
fällt in sechs, in sieben Stufen
zwischen Felsen nackt und kahl;
 danach wird er aufgefangen
vom Granit, vom Quarz und Gneis,
überschäumt sich strudelnd selber
und verlässt den Wirbelkreis;
rinnt durch breite Schotterfelder,
wird dann wieder eingekeilt,
übersprudelt runde Steine
und bei keinem je verweilt;
noch zwei letzte Riegelblöcke
sperren sich dem Wasser weich,
doch es überspült sie endlich,
in der Strahlform immer gleich,
fließt zuletzt doch in die Wiesen
einer frühlingszarten Au,
scheint zu ruhen von der Arbeit
 an den Alpen, ihrem Bau.

10.5.07

Die Hütte

Der Freunde Hütte liegt am Hang,
sie muss schon lange stehen,
man steigt erst steil am Berg entlang,
bevor sie zu begehen.

Sie war wohl anders einst genutzt,
von Bauern, ihren Tieren,
doch dann erweitert, nicht gestutzt,
sich drin zu verlustieren.

Ein junges Paar sich baute aus
zum Nest die alte Baude,
dann wurde es zum Gästehaus,
in das sich mancher traute.

Aus Stämmen stark hier jede Wand,
 die Christoph selbst verschalte,
auch sonst ist alles recht zur Hand –
Talent, das sich bezahlte.

Das Gästebuch verrät es schnell,
wer sich als Gast bekannte,
 Familie, Freunde sind zur Stell,
und mancher Konfirmande.

Auch wir sind hier zum dritten Mal,
Hangwege zu besteigen,
Davos erscheint uns ziemlich schal –
die Bergwelt ward uns eigen.

Das Wetter spielte recht gut mit
durch Wechsel auf die Dauer,
wir hielten mit den Wolken Schritt,
uns freuten Regenschauer.

Zuletzt gab´s wieder Sonnenschein
nach Schnee auf allen Hängen,
wir aber müssen endlich heim,
uns in den Alltag zwängen.

Zuvor jedoch sei noch gedankt
den beiden Büchnerleuten,
und was das *Merkbuch* anbelangt –
der Himmel wird es deuten.

10.5.07

Alpenwirkung

Alpengipfel sind Antennen,
 erden Geistessonnenwind
leiten nieder lichte Ströme,
die aus höhern Sphären sind.

Müssen sie auch längst ertragen,
was an Unreinheit herweht,
immer bleiben sie erhaben,
da ´s um andre Wellen geht.

Diese bringen in Korpuskeln
heilige Erhellung mit,
fluten über Menschenaugen,
was nicht in Erscheinung tritt.

Von dem hohen Glanz umgeben,
Alpengipfel beinah schweben.

12.5.07

Lichtwechsel
(Bei Clavadel)

Gegen Sonnenuntergang
schwarze Wand, gebirgelang;
Hütten, Almen: dunkle Schatten
alles längst verschlungen hatten.
Gegenüber: Felsenstock
hebt sich, dreigeteilter Block,
schneebeglänzte steile Wände
reifen sich die Strahlenhände.
Und verdämmern. Unverweilt
 halber Mond sein Licht verteilt,
lässt es überall hin streichen,
dass sich alle Höhen gleichen,
unter seinem bleichen Strahl
Berge, Täler liegen fahl.
Stunden später, frühster Morgen:
 Gipfel Helle sich schon borgen,
eh das erste Licht erstrahlt,
alle Dinge einzeln malt.
Doch gen Osten alles grau:
Licht, gehemmt vom Felsenbau.

12./13.5.07

Erste Alpenfrühe

Alle Hänge noch verdämmert,
Graues drängt an sie heran,
Gipfel, wie metallgehämmert,
reichen an die Helle an,
die, erst ausgestreut verbreitet,
bündelt sich zu keiner Bahn;
aber mählich vorbereitet,
greift die Sonne endlich an,
langt mit ihren Strahlenhänden
nach den allerhöchsten Zinnen,
nach den Schroffen, Kanten, Wänden,
die nach Osten exponiert,
und im leuchtenden Beginnen
stehn die Gipfel ziseliert.

15.5.07

**Kleinwelt am Berg
(nahe Bodenhof)**

Schneegefleckt der Schattenhang,
wo die Fichten stehen,
gegenüber Enzian
lässt sein Blau schon sehen;
wechselnd fällt die Sonne ein,
wirkt am Boden Anderssein.

Rinnsal quillt als kleiner Lauf,
Dotterblumen sprießen,
Steinbett hält die Wasser auf,
 lässt sie endlich schießen;
aus der Böschung stürzt ein Fall –
Wasserwege überall.

Auf dem Pfade Viola
Tricolor in Mengen,
Himmelschlüsselchen ganz nah
sich am Rande zwängen;
neues Leben kommt heraus –
ungepflückter Alpenstrauß.

17.5.07

Regennacht
(Im Sertigtal)

Wolkendecke sinkt herab,
alle Gipfel schwinden,
wenden sich ins Trübe ab,
 lassen sich nicht finden;
Dunkelheiten, Grau in Grau,
machen alles ungenau.

Aus dem untern Tale kehrt
da ein Graugebilde
übernass, als Nebel fährt
es heran, im Schilde
führt es einen finstern Plan,
füllt die ganze Talung an.

Feuchte fällt in Strömen schwer
aus den Dunkelheiten
in das niedre Nebelmeer,
Raum ihm zu bestreiten;
alles lichtlos – dumpfer Klang
zieht das enge Tal entlang.

18.5.07

Maiwinter

Gestern Nebelregen, heute Schnee,
zugedeckt die Flächen,
neues Weiß erschrickt ein Reh –
Winter will sich rächen.

Feuchte wird auch hier verhaucht,
Nebelschwaden steigen,
feinste Gaze, wie geraucht,
will am Hang sich zeigen.

Doch eh der sich hat drapiert,
fällt ein warmer Regen,
Schneefrei ist schon bald passiert
auf dem Hang, den Wegen.

18.5.07

Zur Nacht

Regendunst verhängt die Nacht,
doch die Gipfel leuchten
still durch neuen Schnees Macht
aus dem Immerfeuchten,
senden helle Streifen her
in die Dunkelhänge,
Felsenmassen lasten schwer
auf des Tales Enge;
keine Regung wird gehört,
nur der Fluss rauscht ungestört.

20.5.07

Verregnet

Wolke senkt sich vom Gebirge
tief bis in das Tal,
Nachbarhütte, Fichtengruppe:
schemenhaft und fahl;
Hänge schwinden in die Dünste
grauen Abendlichts,
Regen fällt aus leerer Höhe
in den Grund des Nichts;
 nur des Baches Ostinato,
 den sein Rauschen schuf,
mischt sich mit der Drosselstrophe
und dem Krähenruf.

21.5.07

„Morgenstimmung"
(im Sertigtal/Davos)

Geisterhaftes Morgenblau
strahlt von Neuschneehöhen,
unter frühstem Himmelsgrau
frische Winde wehen,
trieben Wolken eher schon
in der Höhe rasch davon.

Nur im tiefen Nebeltal
liegt ein grauer Schleier
noch, sein langgezogner Schal,
 hemmt die Nachtbefreier;
langsam muss er sich doch heben,
frei die tiefern Lagen geben.

Immer stärker aufgehellt,
glänzt die Morgenalpenwelt.

23.5.07

Belehrt
(Vor dem Sertig-Wasserfall bei Davos)

Alles nimmt einmal ein Ende,
jede Freude, jedes Leid;
dennoch schmerzt uns schon die Wende,
trifft sie uns vor ihrer Zeit.

Immer heißt es Abschied nehmen,
hier und dort zum letzten Mal,
doch wir lassen uns nicht lähmen,
Abschied sei uns ein Signal.

Haben wir den Pass gewonnen,
öffnet sich ein lichtes Land;
was uns früher war zerronnen,
hier im neuen auferstand.

Alles wächst aus einem Grunde,
aus dem erstgezeugten Licht –
stehen wir mit ihm im Bunde,
dauert alle Trennung nicht.

23.5.07

Alpennacht

Taubenblaue Himmelswand;
weiße Gipfel ragen, wollen,
was sie überspannt,
felsenfest ertragen.

Sonne gegenüber schwand,
Welt sich zu versagen,
Schatten wachsen übers Land
unterm Großen Wagen.

Alle Täler laufen voll
von den Dunkelheiten,
die die Nacht abklären soll.
Sternenklarheit zu verbreiten,
leuchten die Gestirne wohl
aus den Sphärenweiten.

23.5.07

Abschied von den Alpen

Alpengipfel sind verhüllt,
wissen, dass wir scheiden,
wähnen wohl, wir sind gewillt,
fürder sie zu meiden.

Trauernd hängen sie sich zu
grau mit Nebelfahnen,
boten immer tiefe Ruh
auf den Wanderbahnen.

Morgenfrühe, Abendglanz
machten sie zur Gabe
für die Wanderfreunde ganz,
mehrten lichte Habe.

Doch die Wanderer sind müd,
steil scheint jede Steige,
wenn sie sich zur Höhe zieht,
Kräfte gehn zur Neige.

Alpenhöhe bleibt bestehn
im Gedächtnis milde,
aus der Ferne gut zu sehn
wie im innern Bilde:

Zeichen einer reinen Welt,
Niedrem nicht verpflichtet,
haben sich uns zugesellt,
sonnenwärts gerichtet.

Abschied heißt nicht die Gefahr ,
ist Kulissenschieben,
Alpenhöhen – immerdar
werden wir sie lieben.

22.5.07

3. Im Norden

**Auf Justoya/ Norwegen
(Naturmeditation)**

Ich sitze vor der Freunde Haus,
schau auf den stillen See hinaus.

Seeschwalbe fliegt die Ufer ab,
wo Felsen stürzt zum Wasser hinab,

granitne Massen, eng verkeilt,
zu Klippen, Schären aufgesteilt.

Und dunkle Fuhren, Eichen licht
beschatten schwanke Schilfe dicht.

Die Wolken ziehn, der Himmel blaut,
 die Sonne wärmt mir meine Haut.

Die Brise frischt von Westen auf,
wellt Wasser fein in ihrem Lauf.

Doch alle Regung wird zur Ruh ,
geht in mich ein – dann Augen zu:

Was in mir weilt, das macht mich weit;
ich lasse ein die Überzeit.

6.7.04

Natur und Mensch
(in *NW—Jütland)*

Der Westwind kämmt die Dünen,
der Strand dehnt sich so weit,
die Menschen, keine Hünen,
sind über ihn verstreut.

Die grauen Dünen beben
unterm Sturmesstoß,
die schwarzen Striche leben,
kaum etwa hölzchengroß.

Sie stehn wie angeklammert
an den nassen Sand.
Das ist es, was sie jammert:
Sie sind nur eitel Tand.

Die Erde ist viel größer
als alles, was sie tun,
und braucht nicht den Erlöser,
ist eins im Tun und Ruhn.

Sie aber müssen weichen,
sind bald dahingerafft;
im Innern nur erreichen
kann sie die Höchste Kraft.

Dann werden sie zu Herren
über Meer und Land,
 nichts kann sich ihnen sperren,
sind sie in Gott entbrannt.

Auch können sie dann heilen,
was einst sie leicht vertan,
 all´ Ding in Gott verweilen –
 neu hebt die Schöpfung an.

29.6.04

Morgen am See
(Kagar/ *Nordbrandenburg)*

Auf den Wassern treibt der Nebel
fasernd wie ein dünner Rauch,
Morgenlicht wird ihm zum Hebel,
zieht an sich den leichten Hauch.

Haubentaucher zeichnen Risse
auf das dunkle Spiegelblatt,
steuern in das Ungewisse,
das die frühe Stunde hat.

Erste Möwe kommt geflogen
durch den frühsten Sonnenstrahl,
Wasserfläche hell durchzogen –
neuen Lebens Lichtsignal.

Blanker zeigt sich nun der Spiegel,
aufgewacht die Morgenwelt,
und er trägt des Tages Siegel,
das sich bald im Winde wellt.

11.7.06

**Abendliches Rudern
(Bei Kagar)**

Flacher Kahn aufs Wasser gleitet,
Schwüle liegt noch auf dem See,
Himmel hat sich vorbereitet,
dass die Sonne untergeh.

Zirrenfelder windumsäuselt,
vor der Glut ein Wolkenband,
und mit leichter Brise kräuselt
Wellenlauf vom Uferrand.

Wolkenbilder sich verwandeln,
durch viel Farben geht ihr Spiel,
ist ein großes Himmelshandeln
und Gespiegeltsein das Ziel.

Weite Flächen liegen stille,
perlmuttfarben eingestellt,
schwarze Uferbüschefülle
trennt die Ober-, Unterwelt.

Und mit eingelegten Riemen
kaum noch fährt der Ruderkahn,
selbst gespiegelt sich erschienen,
gleitet er auf blanker Bahn.

20./21.7.06

Nachts
(Bei Kagar)

Wenn die Nächte dunkel lagern
auf den Wassern und dem Land,
eingeschmolzne Formen ragen
wie aus erster Schöpferhand,
letzte Stimmen ängstlich klingen,
weil vom Tag noch Störung wirkt,
 und stets Well um Wellen laufen
an das Ufer schilfumzirkt,
durch die Feuchte Sterne leuchten
und der Mond zu fehlen scheint,
bis er in dem Bergwald drüben
aus den Kiefernwipfeln keimt,
dann erfüllt die tiefste Ruhe
 nicht nur diese warme Nacht,
und es fühlt die Menschenseele
außen, innen Höchste Macht.

8.7.06

„Am Schwarzen Busch"
(Auf *Poel/ Mecklenburg*)

Geruch von Tang
streicht ´s Kliff entlang,
und immer neue Wellen
an vielen Spülsaumstellen
lagern ab den Tang.

Ganz ohne Klang
streift ´s Kliff entlang
die Möwe hoch im Hellen
des Abendlichts, im Quellen
von Wolkenüberdrang.

Im Weitergang
das Kliff entlang
Abstürze den Blick verstellen,
Steine und Bäume fällen –
ewiger Übergang.

2.9.07

Erdenbürger

Wo bin ich eigentlich zu Haus?
Für heute an der See,
wenn ich im Wind am hohen Kliff
hart an der Kante steh.

Die Welle rollt stet auf den Strand,
den sie sich selber schafft,
die Wolken ziehen weit ins Land,
bewegt von gleicher Kraft.

Das spürt´ ich oft, es wurde mein,
und, eingewurzelt da,
stand ich von ihm zutiefst erfüllt:
die Welt, mein Ich – wie nah.

Doch wölbte sich der Himmel auch
 in vielen Ebnen weit,
nur unter lindernd sanftem Hauch,
und stillte allen Streit.

Am Wald stand ich im Hügelland,
der Horizont, gewellt,
 in Staffeln fern im Dunst zerfloss –
von Frieden ich umstellt.

Das Hochgebirge ragt´ heran
mit Ernst in voller Wucht,
geprägt von vieler Kräfte Bann –
davor hilft keine Flucht.

Geweilt hab ich an manchem Ort;
bald ging ich von ihm aus
und kehrte heim, ging wieder fort –
bin überall zu Haus.

  2./3.9.07

Fähranleger Gollwitz/ Poel

Zweimal die Woche bloß kommt ein
                                      Boot,
sonst ist die Ecke hier ziemlich tot,
da liegen nur alte Fischerboote –
die Fischer verstehn´s, ist alles im
                                      Lote.

Sie stapfen in Stiefeln zu ihrem
                                      Gefährt,
die Krabbenköder sind´s ihnen wert,
sie stecken sie auf die Angelhaken
und denken bei sich: „Laat mi man
                                      maken!"

Sie fangen den Aal, den Hering und
                                      Dorsch,
bewegen in ihren Booten sich forsch,
mal gibt die See wenig, mal etwas
                                      mehr,
an Land gehn die Schritte, die Zunge
                                      schwer.

Doch sehn sie die Schönheit am
                                      sandigen Riff,
die prächtigen Wolken über dem Kliff,
den schnellen Flug schwarzer
                                      Kormorane
über der eignen Markierungsfahne?

Sie ernten die Beute der nahen See,
nicht tut ihnen Arbeit und Plage
                                            weh,
sie nehmen, was ihnen das Meer will
                                            geben:
Schön ist es für sie, mit dem Meer zu
                                            leben.

5.9.07

Im Münster zu *Bad Doberan*

Ich trug in mir ein hohes Bild
von einem früh Erschauten,
von einem Raume wunderbar,
den Wunder nur umbauten.

Auf strebten Wände unbegrenzt
in schmal geschnittnen Streifen,
um Pforten eines höhern Lichts,
die Fenster, zu umgreifen.

Noch schlanker wuchsen Pfeiler auf
in leuchtend starken Farben
und schossen aufs Gewölbe zu
als Geistesfeuergarben.

Aus dunklem Grunde stieg es an,
dem eichnen Chorgestühle,
und lichtete im Himmelsdrang
die innersten Gefühle.

So war es einst. Doch heute schwieg
das Werk von seiner Sendung,
obwohl es durch Erneuerung
noch näher der Vollendung;

denn Menschenmassen schoben sich
durchs Bauwerk ohne Glauben,
so ließ es sich sein Fluidum
durch die Profanen rauben.

Ich aber ging, das alte Bild
im Herzen doch befeuert,
und wusste: nur im Inneren
wird unser Geist erneuert.

4./5.9.07

Barlach, Schwebender Engel/*Güstrow*

Im Dämmer des nördlichen
Seitenschiffs:
der ENGEL,
vom Künstler selbst
so installiert,
durch Untat verloren dann,
doch wiedererstellt –
auftauchender Tiefseefisch,
erstaunt über die Welt,
die ihm begegnet;
von bekanntem Antlitz
(der großen Kollwitz):
vom Mitleiden mehr geprägt
als von Leid,
und dennoch schauend
großflächigen Gesichts
eine andere Welt –
 immerzu schwebend
im Auftrieb des Schicksals,
das Trübe hinter sich,
vor sich ein Glänzen,
das niemand gewahrt.
Ernstes Ernst Barlach schuf.

6./7.9.07

Resümee

Eine Fremde neu gewonnen,
eine Inselschönheit: Poel,
ist mir jüngst erst zugekommen,
doch ich lieb sie, meiner Seel!

Schaut sie strandbegrenzt zum Meere,
zeigt sie sich als Windes Braut,
südwärts, in der Wismarkehre,
wirkt sie lieblich und vertraut.

Nach Nordost wirbt sie mit Schilfen
um die ganze Vogelwelt,
gibt ein Inselchen mit Hilfen,
das dem Federvolk gefällt.

Nah im Süden und im Osten
buchtet Festland sich herum,
ließ sich´s eine Straße kosten,
einzuziehn ihr Eigentum.

Doch die Insel liegt wie immer:
eine Schönheit ganz für sich,
braucht nicht andrer Orte Glimmer
und bewahrt sich jungfraulich.

Und ich lieb sie, meiner Seele,
die mir vor die Augen kam,
Inselschönheit, die ich wähle,
weil sie mich gefangen nahm.

9.9.07

Abstecher nach *Eisenach*

Auf der Wartburg

In der Schenke sitze ich
an der Felsenmauer,
Thürings Höhen dehnen sich,
werden ungenauer,
leuchten her als Herbstgefleck
durch der Dünste Schleier,
nah ein Falke hebt sich weg,
schwebt sich immer freier.

Falken waren hier geschätzt,
wurden oft besungen,
wie man sie auf Beute hetzt´
und die Jagd gelungen.
Doch er war auch ein Symbol,
Ritter, sanft erzogen,
wollte ihm die *hêrrin* wohl,
war sie ihm gewogen.

Andre Herrin gab es dann,
hatte sich besonnen,
einen andern HERRN gewann,
Leben neu begonnen.
Milde übt´ Elisabeth
gegenüber Armen,
der es selber übel geht,
fühlte nur Erbarmen.

Auch ein Mönchlein weilte hier,
Fürsten schutzbefohlen,
trug sich in des Junkers Zier,
wirkte ganz verstohlen.
In Latein das Testament,
das war seine Fibel,
als er von der Burg sich trennt,
war´s in Deutsch die Bibel.

Minne, Glaube. Vaterland
hat sich auch gefunden,
wollte sich im Wartburgfest
freiheitlich bekunden.
Neue Zeit und neues Recht,
 Herrschaft von dem Volke –
lange ging´s dem Volk noch schlecht
auf der Hoffnungswolke.

Herbst der Neuzeit –
 Übergang in die Postmoderne.
Wo entsteht noch Überschwang,
lichtet sich die Ferne?
Alte Zeit wird übergroß
 in der Jetztzeit-Trauer,
lässt den Schenkengast nicht los
auf der Felsenmauer.

30.10. – 1.11.07

„Stimmungen der See"
(Im Siegfried-Lenz-Land)
Schwansen/ Angeln

Gedichte I – XVII

I
(Bei Schönhagen)

Seidenglanz der Morgensee.
Diesig strömt das Licht herab,
rieselt tausendfach auf Wellchen,
läuft, zu breiter Bahn gebündelt,
auf die Küste zu.
Dunkle Felsenblöcke ruhn im Wasser,
fangen die Bewegung auf,
sanfte Brise stirbt am Kliff.
Flimmerdunst erfüllt die Frühe
bis zum Rund des Horizonts.

20./21.4.09

II
Das Tageslicht, das längst geboren,
verbirgt in Graugeweben sich,
und scheint die Quelle auch verloren,
 es quillt hoch überm Wolkenstrich,
erschimmert wechselnd wie in Falten,
wie je die Winde fallen ein –
Grauwasser wollen dunkler sich gestalten
und drängen dühnend auf den Strand
                                     herein;

in halber Höhe dichte Nebel schweben
und filtern alle Helligkeit,
nicht einem Strahl sie eine Chance geben,
Grautöne herrschen weit und breit;
nur überm höchsten Wolkenzug
ergießt sich noch des Lichts genug:
Bald stehn ihm alle Wege offen,
lässt so im Grauen wieder hoffen.

22.4.09

III
Wie Dämmer liegt die Abendsee,
ein andrer Wolkenhimmel nur,
so unbegrenzt, fast regungslos,
ein milder Dunst und Übergang.
Doch da – ein Lichtpunkt blinkt,
erlischt, strahlt neu,
nun wechselnd immerzu,
Leuchtfeuer aus dem Nachbarland,
der Freunde Land –
und Tiefe hat die Welt.

22.4.09

IV
Wolkenhimmel will sich mit der See
                          vermählen,
Regenschauer dürfen drum nicht fehlen,
muss in Stürzen ihr entgegeneilen,

denn die See erhebt sich nur in kleinsten
                              Teilen;
doch der Ursprung hat in ihr gelegen –
Heimkehr ist der Wolken Regen.

23.4.09

V
Auf riss die Wolkendecke, schwand,
die Sterne blinkten auf:
Ungespiegelt stehen sie
überm Meer, dem dunklen Tuch.
Sterne rücken, Wellen raunen,
Moderduft am Strand von Tang.
Leis verebbt die Zeit.

23.4.09

VI
Hart an der Kante
über dem Kliff:
Löwenzahn, dreiblütig;
immer schauen die gelben Sonnen
über die See.
Keiner vertreibt sie
vom glücklichen Standort.

24.4.09

VII
Woge braust, es stürmt der Wind,
eins das andre stark bewegt,
nachts am Meer verschwistert sind;
Sternenhimmel: freigefegt.

Mitternächtlich weht die Kühle
und verbannt des Tags Gewühle;
im Zenit der Große Wagen
hat schon manche Last getragen,
immer zeigt er auf den Pol,
der die Richtung weisen soll,
heut hätt´ er ihn fast erreicht –
Kleiner Wagen ihm nicht weicht.
Andre Sterne stehn im Bunde,
fülln des Nordens Lichterrunde,
unbegrenzte Hemisphäre,
Sternenpracht, nicht Erdenschwere.
Diese will sich überwinden,
dass sich alter Weg erneuer´,
und so lässt sie sich entzünden
sternengleiche Leuchtturmfeuer.

24.4.09

VIII
Durch die Schwarzdornhecke schau ich
in die Abendglut;
wirr verhakt sich Gezweig zu
unklarem Muster.
So auch das Leben.
Dennoch: Trost und Hoffnung
leuchten uns ja.

25.4.09

IX
Wogen, tief gestaffelt,
Wellenkämme, aufgebäumt –
steter Ostseesturm.

26.4.09

X
Die rauen Wellen haben sich gelegt,
kein kleinstes Lüftchen sich mehr regt,
und Schleierwolken schon seit Stunden
den Wetterwechsel mild bekunden.
Der Wasservögel Stimmen leis sich legen
– verstummend künden sie den nahen
                                          Regen.

27.4.09

XI
Ab schneidet den Stern
in des Wetterbaums Geäst
schmaler Sichelmond.

27.4.09

XII
(Landesmuseum Schloss Gottorf)

Wo sich das Meer zu schmaler Bucht
                                        verengt,
gefasst von mäßig hohem Bord,
am tiefsten in das Binnenland sich
                                        drängt,

da endet lieblich es als Fjord;
es heben sich vom Schilfrand Wiesen,
                                      Weiden,
Baumreihen ziehen sich in stolzer Pracht,
Natur muss gärtnerischen Eingriff leiden,
den einst gebot des Fürsten Macht.
Natur ward Park, die Schöpfung zu
                                      verschönen,
ein Schloss geplant, die Gartenwelt zu
                                        krönen.
Natur und Kunst – ein früher Wille
hat sie zusammen hier geführt,
und aus der Schönheit tief gefühlter Hülle
den inneren Zusammenhang erspürt.
Die Werke haben sich im Lauf der Zeiten
nach Botschaft und der Form gewandelt,
der Allgemeinheit wollen sie Gewinn
                                        bereiten,
für die die Künstler unbewusst
                                        gehandelt.
So ist Natur sich in der Kunst bewusst
                                        geworden:
Schloss Gottorf zeigt es hoch im Norden.

28.4.09

XIII
(In der Geltinger Birk)

Erhalte dir die Weite,
du Küstenwelt aus Land und See,
das Noor, die Birk, die Bucht, die Förde,
die planen Wasser, flach umrandet

von Sandbank, Schilf, Anmoor und Deich,
bewahre dir die windgeschorenen
Hecken, Urwuchs der Eichen, der Eschen;
lass dir nicht nehmen die Vogelwelt,
die gründelnden Schwäne,
die Austernfischer,
auch nicht die Wildpferdherde im Sumpf;
dann darfst du dulden die fernen Segel
vor den Gestaden Jütlands.
Erhalte dir die stille Weite, die weite
                                      Stille
täglich zur Stunde Pans.

2./3.5.09

XIV
Wie angehalten liegt die Welt –
Seenebel deckt die Wasser zu.
Nur eine Lücke reißt
das hohe Morgenlicht,
fällt in drei Flecken auf die See.
Bleiflüssig glänzt
wie aus sich selbst
das Nass im Dunst.
Schwache Wellen
schlagen an das Land.

29.4.09

XV
Ich schließe die Augen am Strand,
so bin ich nur noch ganz Ohr,
ich höre das Rieseln von Sand,
das Plätschern der Wellen zuvor;

der frischer werdende Wind
dringt ins Gehör mir hinein,
Töne, die stärker noch sind,
rührn von der Möwe Schrei´n.
Über dem Strandwall erklingt
einer Lerche Gesang –
so, wie die Welt sich mir singt,
 werde ich selber zu Klang.

29.4.09

XVI
(Falshöft)

Hinter der Hecke ein Bauerngarten
mit ein paar Tischen darin,
braucht auf Gäste nicht lange zu warten,
sie finden von selber hin.
Die Sträucher bieten schon Schatten,
die Bäume stehen noch kahl,
Besucher inmitten Rabatten
haben die eigene Wahl.
Das Backsteingemäuer leuchtet,
das Reetdach darüber liegt dicht,
das Moos, von Tau erst befeuchtet,
belebt das Gaubengesicht.
So schaut das Haus auf die Gäste,
die zwitschern, den Schwalben gleich,
die Bedienung dient auf das Beste –Café
Lichthof, ein Frühlingsreich.

2.5.09

VII
Im Nebel ist die Welt ertrunken,
Haus, Baum und Sträucher stehn verhüllt,
Grauschleier sind herabgesunken,
verdecken aller Dinge Bild.
Der Himmel ist hinweg genommen,
 die See sich in dem Grau verbirgt,
ein jedes ist zu sich gekommen,
mit andern nicht zusammenwirkt.
Der warme Hauch, die Strahlen fehlen,
und alle Regung ist verlorn,
des Lebens Stillstand lässt sich nicht verhehlen,
von fern nur warnt das Nebelhorn.
So lässt sich leichter von hier scheiden –
wir wollen alles Graue meiden.

3.5.09

4. Auf *Föhr*

Nordfriesicher Herbstmorgen

Durch die Fensterfeldchen kreuzen Vögel,
Uferseeschwalben es sind,
steuern sich mit Sichelflügeln
durch den starken Wind.

Sturm lässt nach, die Wolken reißen
sich im Westen weiter auf,
über Reetdachhäusern steigen
Möwenschwärme schon zuhauf.

Erster Strahl fällt auf Gemäuer,
Rosen sind daran gelehnt,
schütteln letzte Regentropfen
in das Licht, das lang ersehnt.

25.9.12

Föhrer Mondnacht

I
Übermeerisch stehn die Sterne,
Wellen spiegeln nicht ihr Licht,
vor des Deiches Außenberme
sich die Brandung gischtend bricht,
gleißt im Mondlicht immer wieder,
 Wellen steigen, falle nieder,
aus der Ferne rollt heran
Wellenkamm auf Wellenkamm.
Stärker strahlen taktrecht Zeichen,
die vom Amrum-Feuer Föhr erreichen,
und –bewohnte Sterne – gleiten
Schiffe auf den Meereesweiten;
dann, mit hellstem Wolkenflitter,
zieht herauf ein Nachtgewitter.

II
Mondlicht dämpfen Wolkenschleier,
nur *ein* Stern strahlt da noch freier –
Arctur, rot, hält seine Wacht
einsam zu der späten Nacht.

III
Schafe, Rinder, Schatten ohne
Fülle, stehen auf der Krone
dieses Deichs, gereiht zu langer Kette –
Nachtstaffagen-Silhouette.

IV
Hinterm Deiche, windgeschoren,
eine Föhre, ganz verloren;
doch ein Moorteich doppelt sie,
dass sie ihren Ort nicht flieh´.

26.9.12

(Föhre, Fuhre: niederdeutsch = Kiefer)

Amphibisches Land

Wie ist die Nordsee doch so leer
im weiten, flachen Wattenmeer:
Tief steht die Sonne, wirft den Schein
des goldnen Lichtes
in die feuchten Watten ein,
und alle Wasservögel
werfen lange Schatten
auf die glänzend-nassen
freien Watten.
Man glaubt dem
weiten Raume nicht,
dass bald sich hier
die nächste Brandung bricht.

27.9.12

Herbstabend auf Föhr

Brachvögel flöten. Sie schwärmen,
eh sich die Sonne senkt
und laut die Möwen lärmen,
bis ins Watt ihr Flug sie lenkt.

Blanken Himmel umrahmen
Wolken, gebirgig getürmt,
in ihrem Drang nicht erlahmen,
kommen daher gestürmt.

Doch lassen sie eine Lücke
für die Sonne im Watt,
die eine Lichterbrücke
ins Nasse gezogen hat.

Steifer wird immer die Brise,
hemmt des Wanderers Schritt;
Möwe steht hoch im Winde,
hält mit ihm dennoch mit.

29.9.12

Inselmorgen

Alle Büsche, alle Blätter,
blank vom Dauerregenwetter,
halten mit dem ersten Schein
sich ins goldne Licht hinein,
seine Leuchtkraft zu entsiegeln,
vielfach in das Land zu spiegeln,
eh der nächste Regen stürzt
und die Sonnenzeit verkürzt;
und so geht es Tag für Tag,
Wetter sich nicht halten mag.

2.10.12

Am Meer
(im Strandkorb,
der Brandung lauschend)

Beständigkeit im Wechsel,
das ist des Meeres Lied,
wenn es Well´um Welle
an die Küste zieht.

Es singt gar keine Strophen,
es reiht nur Takt an Takt,
wenn der harte Rhythmus
die Melodie zerhackt.

Da bleibt ein einziger Wirbel,
ein Kreiseln um den Ton,
der immer schon gewesen,
dem Wechsel wie zum Hohn.

So kannst auch du bewahren
dich in dem Strom der Zeit –
den Wechsel stets ertragen
am Rand der Ewigkeit.

2.10.12

Küstenszene
(an der SW-Seite Föhrs)

Die Watten sind trockengefallen
und dehnen sich glänzend-leer,
Wolkengebilde sich ballen
über dem fernen Meer.

Auf Amrum geht Regen nieder,
die Schleier verhängen es dicht,
auf Sylt zu wandert schon wieder
das strahlengefingerte Licht.

Vom Watt her weht salzige Würze,
die Winde rütteln am Land,
des Goting -Kliffs brüchige Stürze
spül´n bald die Fluten vom Strand.

3.10.12

Nachtgewitter

Das Reethaus ruht ganz in sich selbst
und lässt sich nicht erschüttern,
die Wände, Böden schwanken nicht,
mag´s noch so sehr gewittern.

Aufs Reetdach stürzt die Wolkenflut
und wird gleich abgeleitet,
Sturmböen branden an den Bau –
der duckt sich, vorbereitet.

Und Blitze folgen dicht auf dicht,
das Wetter zieht nicht weiter,
doch kein Bewohner fürchtet sich
dank vieler Blitzableiter.

Die Blitze leuchten in das Haus,
fest hängt das Donnergrollen,
von dem die ganze Erde bebt–
Gewitter aus dem Vollen.

4.10.12

**Meine Philosophie
(auf dem Deich gesprochen)**

Ich freu mich an dem, was ich hatte,
und freu´ mich der Gegenwart,
 so gibt mir das Glück Rabatte
auf das, was meiner noch harrt.
Es sind unendliche Gaben
aus der höheren Welt,
von der wir das Leben haben,
zur Freude sind einbestellt.

5.10.12

Tidenwechsel

Einer weißen Wolke Wendung
in das Licht
zeugt die allerreinste Blendung
feucht im Watt.
Nordsee will sich wieder zeigen
überall,
ihre Fluten sickernd steigen,
sind die Ebbe satt.
Austernfischer müssen weichen
aus dem Schlick,
Brachvögel selber fliehen
hinter Deich und Knick.
Wechselzeiten hier regieren,
sich im Wandel nicht verlieren.

6.10.12

Zweites Buch

AUF NEUEN WEGEN II

Japanisch-deutsche Jahreszeiten,
in deutschen Haikus

Oberrheinlande
 (1978)

Heidelberg
(nach Rottmann)

I
Woher kühlblau der
Neckar strömt, greift morgenfrisch
sich Strahlenhand die Stadt.

II
Schlossstumpf, Herbstwald und
Strom: Mündungen des Lichts im
goldnen Himmelsbrand.

Am Neckar

I
Noch im Fluge ist
den Speerstoß blitzschnell zu führn
der Reiher bereit.

II
Abzudrehen zwingt
den Habicht mit Attacken
der Stare Vortrupp.

III
Nebeltals Dichte
fliehend, steigt ins frühe Licht
die Taube empor.

Moschee-Herbst
(Schlosspark Schwetzingen)

I
Treibendes Laub auf
Spiegelwasser mildert des Baus
zu scharfe Kontur.

II
Die schlanken Türme:
 mächtige Kuppel krönen Helmzwiebeln,
heiter-beschwingt.

III
In des Baukörpers
Rechtwinkelwesen flammt Seele
in Torgiebeln auf.

Staufen

I
Marktplatz

Rathaus, Roland, Stube
des Faust: Bürgersinn, Handel, Alchemie
 mischten einst sich bunt.

II
Fresco „Verhaftung des Kronenwirts"

Über hundert Jahr
hielt sich frisch die Hoffnung auf
deutsche Libertas.

III
Vor einem Schauwagen

Da die Handelswege
 wichen, weisen Kiepe, Quetsche, Fass
Quell des Reichtums aus.

IV
Winkelgasse

Fachwerk, Blumenkästen,
Kopfsteinpflaster, Wäscheschnur:
Reglos steht die Zeit.

V
Enge Stadt

Dass die Ebne fruchte
der Berg viel Reben trag´, nimmt der
 Ort sich selbst die Luft.

VI
Berg Staufen

Ein gestürzter Kelch,
reckt den Burgrest in den Glast
steiler Zeugenberg

Im Münstertal

I
Überbau

Größrer Gewölbe Druck
tragen der Stollen im Berg,
die Klosterkuppel am Hang.

II
Abendportal
(St. Trudpert)

Schon im Schatten stehn die
 Apostel, des Erlösers Haupt strahlt
in lichtem Barock.

III
St. Benedikt

"Wer gab den Krummstab
mir in die Hand, tat um mir den
bergenden Mantel?"

IV
St. Paulus

„ Häschers Schwert gesenkt,
zeuge gezeichneten Haupts ich
von sanfterer Macht."

V
St. Ecclesiastica

Faltenwurf im Abendschein:
Aus Schatten der Geborgenheit
leuchtet Hoffnungslicht.

VI
Abendszene

Aus dem Grunde wachsend,
staffeln sich Bergkammpaare
stets lichter ins Licht.

Belchen

I
Zugang

Aus der Ebne kommend,
treffen im Tal deinen Fuß nur
die Straße, das Gleis.

II
Belchenblick

Von Nebengipfeln
rhythmisch flankiert, wölbt sich Masse
zu klassischem Joch.

III
Im Stau

Zum Aufstieg genötigt,
schleppt ihren Schatten durchs Tal
weiße Sommerwolke.

IV
Neuer Weg

Vom geduldigen
Gipfel gleitet zu Tal gradaus
roter Drachenflieger.

V
Auf halber Höhe

Im wandernden Strahl
flanken Schatten- und Sonnenhang
kreuzweis durchs Tal.

VI
Unter der Höhe
(Leonardo-Studie)

An des Hangwegs kahler
Biegung schachteln sich rostende
Quaderflächen auf.

VII
Gipfelblick nach West

Von dürren Fichten
 gesiebt, gerinnt zu hellem Band
am Talgrund der Dunst.

Am Schluchsee

I
Modern Schilf und Busch
am Ufersaum, holt das Tal
sich Terrain zurück.

II
Der Vorzeit Krake,
ragt freigespülter Baumstumpf
gespenstisch im See.

Auf dem Feldberg

I
Über der Kammlinien
Polyphonie steht schief im Dunst
Belchens Fermate.

II
Einsam umwallt von
Felshang und Fichte: seefern bleibt
des Wanderers Fuß.

III
Auf karger Kuppe brennt,
reichem Tal ein Signal, sonnennah
die Königskerze.

IV
Biegungsreich schwingt sich
am Gegenhang zum Berghof
ein leuchtender Weg.

V
Letzten Winters Schnee
im August: Keimt im Zastler Loch
neuer Gletscher schon?

Todtnaufall

I
Auf ebner Höhe
bereit, kerbt den Hang die Klinge
des stürzenden Nass.

II
Von Felsenriegeln
empfangen, zerstäubt in Schleiern
der erste Schwall.

III
Aus dämmriger Schlucht
gießt sich in kühles Becken der
gebändigte Strahl.

IV
Über die letzte
Stufe strömen ins Tal die
stilleren Wasser.

Todtnauschlucht

I
Eingang

Mit Wurzelwülsten
zwölffach verankert, hütet
Platane den Grund.

II
Ausgang

Mächtige Wölbung dehnt –
bachgefurcht, Matten bebuscht –
sich der Gegenhang ins Licht.

Nonnenmattweiher

I
Ihre Wimpern schlagen
über des Bergsees Auge
Binsen dunkelgrün.

II
Im Aufblick trinkt
Zenitazur und Fichtengrün
klares Weiheraug.

Auf dem Hochblauen

I
Gesellschaft

Durch frische Brise
dunstentkleidet, schrägt seinen Buckel
der Nachbarberg her.

II
Überbrückung

Durch Fichtenwipfel
blinkt aus diesiger Ebne wie
Silberkordel der Rhein.

III
Inversion

Aus Nebeldampf steigt,
dem Weltdunst , in reinen Äther
der Bergrücken Herde.

Reliefbild

Die Höhenlinien
des gebuchteten Hangs ziehn stark
heugraue Schwaden nach.

Am Hochrhein

I
Bei Waldshut

Zwischen Pappelufern
gleitet, ungestört, im Gleichmaß
still die Wasserflut.

II
Rheinfall bei Schaffhausen

Sich immer verströmend
dauernd er selbst, reißt er zu
Bewunderung hin.

**Sonnenuntergang
(über den Vogesen)**

I
Stille, Herz, vor diesem
Opfer: Was dir Leben erst gebracht,
vor dir geht´s hinab.

II
In tiefen Schatten
wandeln sich zu dunkler Schmelze
Werk und Welt des Tals.

III
In Schmerzensröte tönt
der Himmel ahnungsvolle Klänge
seiner Gottheit nach.

IV
Des Farbensterbens
Orgelpunkt, dehnt sich bleibend blaue
Wand des Wasgenwalds.

V
Herz, halt an: Der Bäume
Fackelstümpfe stürzen hoffend
in die letzte Glut.

**2. Skandinavien
(1979)**

Anfahrt

Tausendtropfenweis
trommelt auf das Wagendach
nächtlicher Regen.

An der Jammerbucht

Wieder stürmt mit Macht
gegen mein Herz, ein altes
Felsenfort, das Meer.

Auf dem Kaledonischen Rumpf

I
Grauflechtengranit:
Blatternarbig verwittert
das Felsengesicht.

II
Die Falten deiner Stirn:
Oberflächentiden nur vor
Urzeitfalten im Gneis.

III
Bald auf der Klippe,
bald in der Brandung: reglos das Herz,
ob Chaos, ob Sein.

Philosophensitz

Auf der Schäre hockend,
grüble ich, besser zu lehren
die sperrige Welt.

Sörlandet-Küste

I
Hier schläft kein Pan, doch
liegt wie straffes Tuch um Fels
im Flimmerlicht das Meer.

II
Zwischen dampfenden
Kiefern knistert auf ziegelheißem
Granit die Stille.

III
Wen wollte Pan hier
regieren: leer die Gestade,
der bucklige Fels.

IV
Nach Süden schaut der
Uferfels, auf milde See: des Nordens
Romanisches Meer.

V
Schären mengend, Kaps und
Fjorde, blüht der Norden lieblich
streng wie Attika.

VI
Fest wurzeln über der
Bucht in Felsenspalten die
Kiefern weltweiten Blicks.

VII
Von Schilf bekränzt, wird
tief im Land, die Wälder spiegelnd,
zum Weiher der Fjord.

VIII
Der Schären letzter
Vorposten: Brandungsopfer; jede
Welle geht drüber hin.

Helle Nächte

I
Wie Gluten über
geborstnem Vulkan leuchtet
die Wolke aus Nord.

II
Der Sonne sanken
die Wolken nach: Kräftig schwelt
überm Fjord reine Glut.

III
Vor schwarzen Höhen
dunkeln mit dem letzten Glühen
des Tags die Wasser.

Heulboje

„Save my soul!" gell ich
pulsierend gegen der Skanden
Felstempelwucht.

**Ausgießung des Heiligen Geistes in die Natur
(Vor einem fehlerhaften Foto)**

Da das vom Abend
gebräunte Wasser durch die
Kiefern blinkt, fällt aus
der Höhe des Zenits der
irisierende Gottesstrahl.

**Wohin?
(Am Hornnes-See)**

Doppelt gereiht, weisen
abenddurchstrahlt die Föhren zum
Himmel – und in den Grund.

Auf dem Fjell

I
Beraubten Flusses
flaches Bett: Buntgeschecktes Geröll
überwuchern die Flechten.

II
Aus dem feuchten Kraut
blickt, beschattet, ins harte Licht
junge Birkenwelt.

III
Zwischen Birkengrund
und Kiefernhöhe blendet zitternd
des Wollgrases Reich.

IV
Urmächtig hebt sich
kahl aus dem Kiefernwald hoch
der gleißende Fels.

V
Nicht glätten alten Berg
Jahrtausende: den Himmelstrotz,
das Runengesicht.

VI
Wo die Felsentreppe
endet, fegt rauen Ostinatos
Höhenwind das Fjell.

VII
In vielen Stufen
steigen, Wasserweihe sammelnd,
die Skanden himmelwärts.

Im oberen Setestal

I
Hartkantig gefügt,
ducken sich in triefnassen Hang
Blockhaus und Stabbur.

II
Wo der Wald Bauern weicht,
bezeugen Behausung und Zaun
noch gewachsenes Sein.

III
Der Menschen Spuren
verwindet mit Hoheit und Ernst
jeder ragende Berg.

IV
Vom strömenden West
lang bestürmt, wandeln zu Nebelheim
sich Gipfel und Hang.

V
Über den Bergkamm
wälzen sich Regenwollsäcke
in den getrübten Fjord.

VI
Nässe über sich,
Nässe unter sich: Doppelt einsam
steht Föhre am Fjord.

Lappenstation

I
Des höchsten Nordens
Abgesandte, stehen imKral
hilflos Lappe und Ren.

II
Nutzlos versammelt
im ruhenden Pulk liegt der
Väter Gerätschaft.

III
Am schwelenden Feuer
in offner Kote lehrt alte Träume
die Mutter den Sohn.

Haukeli-Fjell

I
Leicht wird´s dem Auge
zu sehn, wo glatt der Gletscherhobel ging,
wo er tiefer gefräst.

II
Schneetupfen ließ der
 gipfelbehausende Winter
am Bergfuß zurück.

III
Später Schneeschmelze
Becken, spiegelt im spärlichen Schilf
die Hütte der See.

IV
Zu leben gilt auch hier:
Rivalen des Altschnees, drängeln
sich Schafe am Berg.

Seeblick bei Röldal

Ehe dem Bergriss sich
 Wolkenbild eint, löscht den Traum plötzliche
 Böenspur.

Sauda

Kaum erreichbar zu Land,
pulst an des Fjordes Nabelschnur
der lebendigste Ort.

Am Boknafjord

Wie Urwelttiere
steigen aus dem bedrohten Fjord
jähe Massen von Fels.

Wegweiser nach „Espe"

An steiler Fjordwand
dies Wort: Wer hätt´s so nördlich
verwurzelt gedacht?

Blick auf den Folgefonn

Über der Hanglinien
Schnittpunkt lastet gletscherweiß
Querwand wie Ochsenstirn.

Am Eidfjord

I
In voller Blüte
prangend, dulden Heckenrosen
kühlen Gletscherblick.

II
Dem Hang gegenüber,
der keinen Halm trägt, bluten
Kirschen wie an der Etsch.

III
An starken Stäben
wachsen zitternd im Westwind
Nordlands Bäumchen heran.

IV
Wie ein Drachenkopf zieht
aus gespaltnem Berg der Regenfront
letzte Fahne fort.

V
Felssturz und Blockstrand
umspült auf tausend winzigen
Wellen die Sonne.

VI
Aus tausendfachem
Spiegelbruch rückgestrahlt, braut zu
Gewittern Wärme sich.

VII
Guss, Strahl und Hall
vergangen, bläst übern Fjord zur
Pastorale selbst Thor.

VIII
Auf dunkle Massen
Gebirgs drücken, schwer von Nacht,
tiefblaue Wolken.

IX
Trüber Fjordtag: Allseits
umschließen düstre Mauern
stumpfes Spiegelende.

Vöringfossen

I
Über algengrüne
Simse stäubt in dämmrige Schlucht
vieladriges Rinnsal.

II
Von den Stromschnellen
angetrieben, stürzt der größre
Bruder donnernd ins Tal.

III
Tobend und tosend
im Grund vereint, nebeln dem Sturz
die Wasser entgegen.

Auf dem Hardangerfjell

Weite Wasser auf
öder Fläche: In eisiger Luft
steht der Jökul fern.

Stabkirche zu Torpo

I
Ihre Ornamente
schnitzten der Rückkehrer Enkel
in Kirchentüren.

II
Der Schiffskörper
Bindungen sollten dem Sturm auch
trotzen des Gotteszorns.

**Reichtum der Vergänglichkeit
(im Abendleuchten bei Oslo)**

Nie wieder diese
Dämmrung, die Schatten, das Licht:
Ich hab es gelebt.

Bogstad-Fanal

Der Felsen Wächter,
sengen in des Abends Brand
Fichten ihr Filigran.

Radhusplassen – Oslo

Hier der Promenade
Regsamkeit, des Hafens Leben dort:
Denkmalheld fremdelt.

Festung Akershus

I
Bronzene Feldschlange

Hinter dem Richthorn sinnt
zwischen prunkenden Putten Neptun
des Seefeinds Verderb.

II
Bergfried

Auf felsigem Sockel
Findling, Bruchstein, Klinker getürmt:
Dreischritt aus der Gefahr.

III
Am Palas-Fenster

Woher Gefahr gedroht,
dehnt unterm Wolkenzug auch
der liebliche Fjord sich.

Frogner-Park

I
Schattenspiel

Durchs geschmiedete Tor
malt auf grauen Pylon Sonne
absurdes Signal.

II
Babylonischer Turm

Drängende Leiber,
kämpfend-leidend aufgetürmt, verfehlen
die Wolken schon.

Am Swinesund

Den auf die Brücke
Gebannten zieht des Sundes Bahn
an die Grenzen des Lichts.

Felsbild bei Tanum

Der frühen Zeiten
heilige Zeichen spotten der
Deuter alten Brauchs.

Am Skagerrak

I
Der Fjell-Espe gedenkend

An der Küste, weit
im Süden, Espe steht, vom
gleichen Wind gezaust.

II
Des Lebens Anfang nur
auf diesen Klippen: Flechten, Heide –
kein Spiel für den Wind.

III
Erst in des Abends
Flaute wird Brise zum Hauch,
streichelt wie Äolus.

Schärenküste

I
Mit vielen Schädeln
ragt aus den Wassern die
altfeste Erde.

II
Die weiten Flächen
glättet zu sanfter Dühnung
ein milder Himmel.

III
Immer wieder die
Wellen, immer ruht der Fels, nur
bröckelnd am Rand der Zeit.

Monotonie

Brandung bedrängt das
Ohr, Wirbel verwirrt das Aug,
Brise brennt die Haut:
Töne von schroffem Felsen -
rettender Möwenschrei .

Atlantische Heide

I
Von Schicksalswettern
zerteilt, liegt unvereinbar Block
erratisch neben Block.

II
Fast aus nacktem Fels
büschelt Calluna sich zu
rötlichem Anhauch.

III
Geringe Krume;
Wasser, das bleibt: kleines Moor
im Felsentümpel.

IV
Glockenheide, Porst
und Wollgras nährt, selber karg, der
raueste Norden.

Schwedische Abende

I
Des Abends Lichtbogen
wirft zwischen Boote und Steg
die entflammte Bucht.

II
Schwarzen Kontrapunkt
setzen in Regenbogendühnung
bucklige Blöcke.

III
Aus trübem Tage
filtern Nimbuswolken und Meer
nur grauen Glanz.

IV
Gesprengten Nimbus
wandelt über dem Fjord später
Tag in braune Nacht.

Bei Halmstad
(Norwegens gedenkend)

Spring in die Dünen,
blick in die Wolken – fort ist
der Hafen, die Stadt.

Nacht am Roskildefjord/ Dänemark

Auf blanken Wassern
schwarze Risse von Scharen
ruhender Yachten
und Jollen: Aufbruch ahnt der
Wikinger Geisterflottille.

Flaches Gewässer

Eilig laufen kleiner
Wellen Rautenmuster über
gerippelten Sand.

Netzwerk

I
In die Reuse ging
der reichste Fang am Abendstrand:
roter Sonnenball

II
Durch des Stellnetzes
Maschen reißen sich Buhnen, Boote
und Sonne zum Grund.

Abendfeier

I
Der Wolkenfenster
 Transparente leuchten
klare Farbentrinität.

II
Offen stehen des
Abends Portale, Durchlass
im Glutrand der Welt.

III

Tägliches Opfer –
das Abendrot: Näherung
ans Ende der Zeit.

Kleiner dänischer Hof

Vor schlichtem Fachwerk
leuchten reetdachhohe Malven:
Glück nach Menschenmaß.

Schloss Frederiksborg

I
Auf dem Anweg

Wehrhaft gedrungen,
festlich schlank: freundlich eifernd ragt
ungleiches Turmpaar.

II
Vorhof

Geist und Seele alter
Zeiten laden, Stein geworden,
ein zur Huldigung.

III
Steinerner Brückenlöwe

„Meine Pranken, Zähne,
Blicke haben jeden Ungeladnen
immer schon geschreckt."

IV
Fassadenblick

Lagernde Mauern,
sauber gefugt, entsenden
strebende Türme doch.

V
Schlosshofwinkel

Die Götterbotschaft zu
hören, lauscht zu Hermes´ Füßen
vielfach des Schlosses Ohr.

VI
Großer Springbrunnen

Frohlocken darf,
sich ergötzen, wer wie den Löwen
sich selber bezwang.

VII
Schlosspark

Schnell vom Zauber der
Symmetrie satt, wächst in freie
Landschaft der Park.

Abschied vom Roskildefjord

I
Heißer Augusttag:
trägen Segels die Yacht auf
flüssigem Fjordblei.

II
Mit breiter Bahn malt
tiefe Sonne übern Fjord
Hoffnungsschimmer mir.

Möns Klint

I
Stolz ergeben stuft sich
die Klippe im Opfergang abwärts
zum fordernden Meer.

II
Aus dunklem Grunde
ward einst gespendet, was heut noch
leuchtend-geformt besteht.

III
In strahlendem Dunst rollt
zum Strand seine Gaben das Meer
gegen neuen Raub

Kliffkante

I
Klippe, gestaffelt
hinter Klippe, weist zum Himmel
vorm Absturz ins Meer.

II
Am Rande schwindelnder
Tiefe wurzeln, bizarr geformt,
furchtlos die Buchen.

III
Vom dunstverhangnen
Horizont spielt schillernder Azur
den Blick zum festen Strand.

Enge der Heimat

(Auf der Rückfahrt am Ratzeburger See)

Zwischen niedren Höhn
presst den schilfumkränzten See
zweierlei Deutschland.

**3. Im Jahresgang
(1979 – 1982)**

Janusbuche

In Winterabends
Farbenspiel siegeln sich schwarz
Altlaub- und Knospenzweig.

Verschneiter Rain

Tiefe Sonne wirft
Schwarzdornschatten aufs Schneefeld:
Winters Scherenschnitt.

Dorf im Schnee

Zur Unhörbarkeit
gedämpft, nistet unterm Hang
es muldenverschneit.

Wintermorgen

Wie Messingglanz bricht
hell parkeinwärts junger Tag:
Astwerk filtert Licht.

Winterliche Topographie

I
Zum Grabenrand treibt
ständig bläuliches Rieseln:
Dünenlandschaft aus Schnee.

II
In der Schneedüne
hat seinen eigenen Reiz
jeder gelbe Halm.

III
Wurzel der Schneeverwehung,
formt er Schönes aufs Neu:
Brombeerheckenstumpf.

Winterparade

Auf des Schneegrabens
Gegenhang defiliern der
Vorjahrskarden Schatten.

Für Caspar David

Anflug von Schnee auf
den Knorren am Stamm, Aststumpf
markant – dein Motiv.

Windbruch

Groß nach dem Sturm noch
ragt Stumpf, liegt Stamm am Boden,
 begraben von Schnee.

Nächtlicher Park

Wolken streuen Licht
auf schneebedecktes Astwerk:
Mondnacht, taubenblau.

Wintermond
Scharfe Baumschatten
zeichnet bei klirrendem Frost
auf Schneegrund der Mond.

Hochzeitlicher Februar

O reiner Tag! Durchsonnt
wölbt blau der Äther sich, Erdkreis
drängt weiß entgegen ihm.

Sternenlied

Frostklare Nacht spielt
auf der Kastanienharfe -
Orions Melodie.

Ersatz

Februarhecke:
Lärmend bestreiten Spatzen
das Vogelkonzert.

Neuschnee im März

Aufs Schneelaken laufend,
tupft Noten mein Hund für zu
frühes Amsellied.

Im Sauerland

I
Über bewaldeten
Höhen variskischen Alters steht
Grauhimmels Gleichmut.

II
Altlaub und Schneerest
bedecken mit Not die Schädel
aus Devon und Silur.

Am Edersee

I
Von matter Sonne
rötlichgrau getönt, spiegelt Wasser durch
Lärchengezweig.

II
Spiegel Hellas´,
zauberte den jüngeren See
Faust zu Füßen der Burg.

Steinwand/ Rhön

I
Aufgetürmter als
Eismeerschollen, sticht Felsen
dreigezackt ins Licht.

II
Aus blendendem Dunst
will den Himmel sich greifen
gespaltener Gipfel.

III
Aus Schatten erschmilzt
schräger Lichtstrahl den Felsblock
zu eignem Gesicht.

IV
Auf schmalen Grates
jähem Absturz weist in alle Winde
verwachsener Baum.

V
Ohne Flügelschlag
kreist über Blockmeer und Klippe
Bussard im Aufwind.

Berlepsch

I
Schieferbeglänzt ragt
aus frischem Grün verwunschnen
Schlosses dunkler Block.

II
Von halber Höhe
sendet ins liebliche Tal
Straße und Bach die Burg.

III
Nicht mehr spiegelt der
unbedrohte größere Strom
graue Zinne und Turm.

**Heroische Landschaft
(vor dem Harz/ Untereichsfeld)**

I
Aus dunkler Tiefe wächst
unter prächtigem Wolkenzug
reinsten Gipfels Bau.

II
Durch reine Bläue
fahren schattenwerfend kühne
Wolken über Land.

III
Im Schatten dunkel
gesäumter Wolken glänzt frisch
Erdreich und junge Saat.

IV
Altes Kraut und Rohr
entzündend, wandert zwischen Wolken
Lichtstrahl hurtig mit.

V
Auf braunen Äckern
zeichnen riesig aus der Höhe sich
Wolkenbilder ab.

VI
Frisch gepflügt, dehnen
sich Hügel ins Licht: Form und
Farben Césannes.

VII
Aprilwind trocknet
alter Halme verwaschnes Grün:
Steppeneinsamkeit.

VIII
Fürs alte Spiel von
Urtier und Dämon leuchtet spätes
Licht den Steinbruch aus.

IX
Auf höchstem Plane
kämpft mit dunklen Wolkenmassen
letzte Strahlenhand.

Spiegeleien

I
Von falschem Glanze
nicht getrübt – im Weiher, Welt,
wohnt dein wahres Bild.

II
Über ihr verzweigtes
Dasein sinnen verspiegelt
stattliche Bäume.

III
Fern dem Weiherrand,
haben nur eine Welt
Scheune und Stall.

Abendhimmel

I
 Auf rötlichen Messing
wirft Gedankenschatten der Nacht
das Abendgewölk.

II
Fernes Gebirge
bleicht schon des Abends
östlicher Abglanz.

III
Vom Blut des Tags nur
verläuft sich am Horizont
noch eine Röte.

IV
Dunklen Becher stürzt
über des Tages Asche
die steigende Nacht.

Märzbuchen

Aus denen die Alten
Stäbe geschnitzt – unentschlüsselt
ragt ihr in Klarheit.

Buschwindröschen

Im Märzwind zittern
in Büscheln sechszählige
Sterne der Kindheit.

Am Göttinger Wald

Wo schon Hölty ins
Abendrot sah, greift ins Geleucht
bizarres Geäst.

Zwiesel

Über der Wurzel
gleich geteilt, strebt der Baum
doppelt, schaut sich selbst.

Kastanienbotschaft

Wer sicher wurzelt
an festem Ort, weit langend
umfängt er viel Raum.

Im Märzwald

I
Weiße Wolke zieht
eilig über blauen Grund –
Wipfel wiegt sich nur.

II
Nach segelnder Wolke,
schwebendem Vogel strecken sich
kahle Wipfel umsonst.

III
In den Kalk gekrallt,
leihen schwankenden Wipfel
dem Wind die Buchen.

Bergjahreszeiten

I
Aus dem Winter herab
schlängelt am Haselhang sich
Sollingbach in den Lenz.

II
Wo am Südhang warm
schon Altlaub knistert, knirscht noch
gegenüber Harsch.

Abendliche Komposition

Wie Schirmakazie
vor Savannenhimmeln, steht
Schwarzdorn, lichtdurchstrahlt.

Illumination d´ Eau

Honigfarben glänzt
auf der Erlen Wurzeltreppe
gebündelter Strahl.

Am Fischteich

I
Hell blinkt aus Wassern
durch letzte Bräune der Nacht
die Morgenfrühe.

II
Dunkel gegen den
frühen Strahl stehen Erlen
im spiegelnden Stau.

III
Steigt erst die Sonne,
fliehen aus rissiger Rinde
die Schatten der Nacht.

Befürchtung

Nach blankem Beginn
bleibt wohl der junge Tag noch
hängen im Dornverhau.

Vorspiel

In gläsern-regloser
Luft erzittert vorm ersten
Frühstrahl die Espe.

Aufbruch

Abzustreifen die
Winterhaut, krümmen ins Licht
sich Knospen der Buche .

Am Waldrand

I
Wie Wetterfahnen
stehen, knospenbesetzt, Äste
im steifen Wind.

II
Auf lichten Zweigen
hellstes Grün: Den Lärchenhain
besiedelt der Lenz.

Frühlingsaue

Nicht Sturzbach mehr, noch
Trockenbett nicht: Mutter der Blumen,
Schwester des Steins.

Kastanienfrühling

I
Zweierlei Wachstum
vermählt sich im Aufblick: Wetter-
und Kastanienbaum.

II
Milchstraße des Tags,
entschlüsselt Knospensignale
mächtiger Wetterbaum.

III
Zum Himmelsbaum wirft
seine Hoffnung voll Schwung alter
Kastanienrecke.

IV
In Kelchhände fasst
noch, zum Himmel erhoben,
Geäst seine Knospen.

Espenfrühling

Von Schwester Olive
das Braun geliehn, steht Espe
in bräutlichem Laub.

Großer Kastanienbaum

In laue Lüfte
hält Blütenlichter mächtige
Wölbung, laubgefüllt.

Lichtspiel

Durch Blättermassen
zertropft auf Blütenkerzen
des Himmels Bläue.

Verwachsener Baum

Des Schusters Dreibein,
auch Mammutkopf: Einst verloren,
könntest beides du sein.

Maiwunder

Trotz Saatengrün und
blankem Himmel – eisheilig
fröstelt noch die Welt.

In linder Luft

Die Zweige streichelt,
die Rinde wärmt der einsamen
Espe - Äolus.

Maigewitter

Feuchten Schleier ziehn,
Ferne ertränkend, talwärts
bläuliche Dünste.

Hohlweg

In fettes Grün frisst
sich, gleißend schwülegeborn,
des Kalkes Schmelzfluss

Maibuche

Die strengen Zeichen
aus Stamm und Gezweig verbirgt
sie in jungem Laub.

Nach dem Regen

I
Sonne sendet aus
blanker Lache hellen Pfeil
ins feuchtende Grün.

II
Vom Stoß letzter
Lichtfanfare entflammt, fächert sich
rötlich der Wolken Saum.

Kaltfront

Finster entrollt sich
aus bleichendem Wolkentor
Wetterfahne von West.

Kalter Juni

I
Eichsfeldverdunkelnd
ziehn, gewaltig wie am Meer,
Wolkendrachen auf.

II
Ungespiegelt bleiben
Himmelsbucht und Regenfront
im beschatteten See.

Sommerwolken

I
Gegen Westen

Strahlende Wölbung
bleibt unerobert: Wolkenheer
wandert am Horizont.

II
Gegen Norden

Heckenrosentag:
Blüten spiegeln blassrosa
die Cumulusfarben.

III
Gegen Osten

Für welchen Hammer
formt über der Wolkenbank
mächtiger Amboss sich?

IV
Gegen Süden

Stirnzerfasernd wächst
rasend in ein reines Blau
weißer Wolkenkopf.

Wolkendrama

Aus Brodelgebirg wächst
blendende Zinne zur Abwehr
düstren Zugs von West.

Teilregenbogen

Aus dunklem Land zeigt
hoffend noch in düstre Wolken
bunter Brückenpfeiler

Sommertag

Warmer West brandet
hangauf, wirbelt die Gerste –
Erinnrung ans Meer.

Heißer Tag

Aus Kieferbüscheln
Harz verdampfend, setzt
Schrapnells die Gewitterschwüle.

Tropisch

Urwalddunkel unter
dichtem Laubganggrün saugt
Tropfen satten Lichts.

Die Gleichen

Gewitterhörner heckt
mit dem Zwillingsgipfel die
Mittagsschwüle aus.

Schöner Sommertag

I
Am Himmel Gänsemarsch –
übers Dorf ziehn weg zum Harz
kleine Cumuli.

II
Goldner Mark flache
Schale fülln das Grün und Gelb der
Saaten rund ums Dorf.

III
Nach dumpfem Urlaut
spenden Rinder in hohem
Grase sich Schatten.

Am See

I
Schwarz vom Schatten eigner
Krone, rahmen Weidenstämme
lila Haut des Sees.

II
Ihr Sein verdoppelnd,
beugt sich die Weide über
gewellten Spiegel.

III
Auf braunen Wassern
ziehn gelassen, Junge leitend,
Schwäne wachsam hin.

IV
Weise steht am Rand
der Welt, reglos parallel,
altes Entenpaar.

Im Reiherbachtal

Auge des Sollings,
wirft das Waldbild still zurück
schilfumstandner Weiher.

Orpheisch

Trauert die Weide
um Euridike, greift in
Harfengezweig der Wind.

Auf der Lichtung

Fingerhutfülle
in flutendem Licht – ernst stehn
die Fichten beschämt.

Knabenkraut

Hoch schießt aus grünen
Lanzen die Blütenkerze, bückst
du dich tief genug.

Farbwunder

Unscheinbar sonst nur,
erfreut mit lilienfarbner Blüte
der Spitzwegerich.

Schicksal

I
Da er nach oben
nicht strebte, verkrüppelte
der junge Baum.

II
Kaum aufgeschossen,
fand über sich junger Baum
lichtraubendes Laubdach.

III
Den Waldrand schmückend,
 treibt prachtvoll Seitenzweige
wahllos der junge Baum.

Die Lippberge

I
Auf dem Nordgipfel

Hoch überm Land siebt
schattige Buche Himmelshelle
zu dämmrigem Tag.

II
Auf dem Südgipfel

Über gestürztem
Zwilling stemmt starken Ast in den
Wind die Wetterbuche.

Blick vom Hengstberg

Bukolisch heben
violett in den Dunst sich
vesuvhaft die Gleichen.

Überhälter

Ins Abendlicht weist,
 geborstnen Stamms stumpfer Rest,
eine Moseshand.

Nachsommerlicher Harzblick

Von Licht durchflutet,
umflort schwereaufhebend
das Waldgebirg Dunst.

Übergang

Nebelgewand sinkt
aus dem Espengezweig, Nacht
hüllt wieder es ein.

Schichtung

Da die mondkühle Luft
silbern ins Tal sinkt, kost den Berg
ein wärmender Hauch.

Mondaufgang

I
Über dem Bergwald
entzündet, ein rötlicher Span,
den Nachtdunst der Mond.

II
Schmaler Wolkenstreif
vor kupfernem Mond – siehe,
ein neuer Saturn.

Parkherbst

Herab fällt Lichtflut,
hebt Nebel empor – golden
leuchtet Laub im Nass.

Milder September

I
Des Windes Beute,
weitet das leere Feld mir
Auge und Herz.

II
Kräftiger leuchtet
im Knick nun die Beere, die
Distel über dem Kraut.

III
Falter taumeln, irr
vor Wärme, durch der letzten
Rauchschwalbe Bahn.

Parkweiher

Heller Spiegel im
treibenden Laub wirft Himmel gelb
 in die Kronen zurück.

Kastanienherbst

Späthimmel strahlt in
Baumruinen durch die Stützen
entlaubten Gewölbs.

Am Fenster

Ein durchsonntes
Transparent, leuchtet jedes
späte Birkenblatt

Letzter Oktober

Nebelschleier steigt
im frühen Strahl – netzumgarnt
glänzt Rispe im Tau.

In der Novembersonne

Hinter kräftigem
Kraut kümmern im Distelschatten
bereifte Binsen.

Nach frühem Frost

Über steifer Distel,
welkem Kraut hängt Schlehenzweig
voll prallschwarzer Frucht.

Überdauernd

Rauen Fußes hockt
auf schrägem Pfahl gelassen
der Winterbussard.

Geschaut

Auf schwarzem Grund
ein leuchtender Todesschrei –
rotes Ahornblatt.

Angaben zum Autor

Der Autor, 1934 geboren, ist in Cottbus aufgewachsen. Anfang 1945 wurde er in den Raum Hannover evakuiert. 1949 Konfirmation in Mandelsloh. 1956 machte er Abitur, studierte in Göttingen und Münster Germanistik und Geographie, trat 1963 in den niedersächsischen Realschul-dienst, war Wissenschaftlicher Assistent an der PH Göttingen, dann Fach- und Pädagogikseminarleiter am Studienseminar. Er ist verheiratet, hat drei Kinder, zwei Enkelkinder und zwei Urenkel. 1997 ging er in den Ruhestand. 2010 veröffentlichte er „Totaliter Aliter (Völlig anders) – Außenseiterbriefe – Versuch einer alternativen Geistesgeschichte in Beispielen als Zeitkritik" und nach „Gedichte eines Wanderers III – Frühe Saat" drei Bände der neuen Reihe „Kreisende Jahresringe" sowie „Endlich heraus aus der Sackgasse – Kritische Sonette zu unserer Zeit und Vergangenheit".

www.ingramcontent.com/pod-product-compliance
Lightning Source LLC
Chambersburg PA
CBHW051746230426
43670CB00012B/2188